경계를 경계하다

리토피아포에지·170
경계를 경계하다

인쇄 2025. 10. 25 발행 2025. 10. 30
지은이 김용균 펴낸이 정기옥
펴낸곳 리토피아
출판등록 2006. 6. 15. 제2006-12호
주소 21315 인천 부평구 평천로255번길 13 부평테크노파크M2 903호
전화 032-883-5356 전송032-891-5356
홈페이지 www.litopia21.com 전자우편 litopia999@naver.com

ISBN-978-89-6412-212-9 03810

값 14,000원

* 이 책의 판권은 지은이와 리토피아에 있습니다.
* 잘못 만들어진 책은 바꿔드립니다.

김용균 시집
경계를 경계하다

시인의 말

모두가 빼앗긴 나라를 등지던
그때 그 비상한 번껼의 시대를
님은 오직 사랑의 밀어로 노래했는데,
100년이나 흘러 또 비상한 시대
남부끄러운 줄도 아예 모르고
위선의 애국들이 설치는 시대를 맞아,
님을 흠모하여 기룬답시고
순전히 분노의 언어로만 써서 강물에 띄운
나의 시들은 막막한 어둠 속을 표류했으나,
그래도 늘 어둠의 장막을 걷어내는
꺼질 듯 꺼질 듯 꺼지지 않는 작은 빛들,
어김없이 그 빛들이 또 세상을 밝혀
다행히 평온을 되찾은 물속에서
혼줄 빠진 시들을 하나씩 건져 올려
고이 닦고 다독거리다가,
차라리 흐르는 잔물결 위에 새로 쓰고
벅찬 가슴으로 노래하노니,
비상한 때일수록 비상하게 힘 솟는
위대한 민초들의 나라여!

2025년 가을

김용균

차례

시인의 말   05

제1부

한결같아야 존귀하다   13
하얀 잠   15
지독지정舐犢之情   16
연꽃 사랑   17
하얀 나비   18
세상에서 가장 고결한 꽃   19
사랑의 단맛   20
맴이 거시기혀서   21
진즉 그랬더라면   22
헤어짐에 대하여   23
어느 산책길의 독백   24
입춘 산행   26
진짜 제 색깔   27
단풍꽃   29
쓰레기봉투를 내놓으며   30
경계를 경계하다   32
눈이 내리면   34
소금의 우주   35
개밥바라기별   37
이별보다 더 아픈   38
늘그막 눈물   40
아침 식탁에서   42
그믐달   43

제2부

검은 눈의 서사敍事   47
백성의 눈물   48
아수라장   50
영욕榮辱   51
개미 떼 행렬   52
연鳶   54
오랑캐꽃   56
눈꽃 전사들을 위한 찬가   58
봄이 오는 길   60
부끄러운 이야기   62
태극기 유감遺憾   64
우두머리   66
형님과 홍어   67
화병火病   69
웃프다는 말   71
대모산 까마귀 떼   73
시답지 않은 시   75
열사를 기리며   77
사람이 죽었잖아요   82
능소화凌霄花   84
법복을 벗고 나서   86
무궁화백리길을 지나며   88
님의 침묵 속에서   90

제3부

꽃 핀 날	95
엄마 녹차	96
흐르는 것들	97
사이시옷	98
AI 때문에	99
하나뿐인 지기	101
제주 여행길에서	103
밤꽃 향기 로맨스	104
그림 밖 단오풍정端午風情	106
꽃집 앞에서	107
기적의 비밀	109
건지산에 가면 그가 있다	111
새들의 새벽 수다	113
꽃보라	114
오그르르	115
산수유 피는 까닭	116
또 꽃이 피는데	117
안갯속 풍경	118
비 온 뒤 폭포	120
야성野性의 땅	121
그 섬에 가다	123
미륵사지 다녀온 날	124
바람은 바람둥이	125

제4부

낙목落木	129
겨울강에서	130
돼지 잡는 날	132
착란식着卵式	133
꽃게 사러 갔다가	134
내 친구	136
바람타령	137
평생지기	138
시월이 오면	140
포옹	142
산사에 머물다	143
사랑의 진수眞髓	145
다듬이 소리	147
장독대 사랑	148
어머니 생각	149
그대 기다림	150
시인 말고 신	151
그나마 다행	152
화분을 옮기다가	153
성못길에서	154
괜찮아	156
격세유전隔世遺傳	158
눈물꽃	159
자연의 느낌?	160
슬리퍼 두 켤레	161

읽는 이에게 부치는 글 시와 사랑의 강물, 그 유장함이여! *163*

| 제1부 |

한결같아야 존귀하다

인동초는 걸리는 것마다
시곗바늘 쪽으로 감고 오른다
모진 가뭄에도, 비바람 몰아쳐도
언제나 그 방향이다
평생 길을 바꾸지 않으니
스스로 존엄할 뿐

칡은 왼쪽으로
등나무는 오른쪽으로
모두 한쪽으로만 뻗쳐 나간다
가시수풀 속에서도, 벼랑에 붙어서도
어디서나 그 방향이다
그래서 한데 심으면 얽히고설켜
비록 갈등하긴 하지만
가는 길 바뀔 리 없으니
서로를 존중할 밖에

시류 따라, 이해 따라
사람들만 쉬이 길을 바꾼다

언제 어디서나
한결같아야 존귀하다는 것을
모르는지, 모르는 척하는지

하얀 잠

누구나 나비잠으로 시작하여
쪽잠, 말뚝잠, 멍석잠, 새우잠, 노루잠 따위
그리고 더러는 길 위의 한뎃잠까지
제각기 다른 밤을 새우며 살아가지만,
누구든 백수가 되고 백발이 되면
필경 하얀 잠을 자게 된다 했던가.
뒤척이며 지쳐가는 밤의 머리맡에는
온갖 상념들이 마치 백설처럼
소리 없이 쌓였다가 스러지는 탓일 터,

바다 건너 사는 늙은 친구가
한밤중에 가슴 속이 하얘지도록
가물거리는 모국어의 시집을 읽다가
더듬더듬 보내온 휴대폰 메시지에는
떠나온 얼굴들이 자꾸만 어른거려
그나마 하얀 잠조차 잊었다는데,
홀로 잠들지 못하는 외로운 밤이란
저 올올고봉兀兀高峯의 만년설처럼
쌓이고 쌓여 아예 스러질 줄 모르는
얼마나 맹독한 그리움인가.

지독지정 舐犢之情*

고등학교 들어간 해 봄이었던가
제 어미 곁에 노상 붙어 지내다
내 학비 때문에 장에 팔려가게 된
난 지 겨우 두 달도 안 된 송아지

때 이른 이별을 어찌 예감했을까
애달피 혀로 핥아주던 송아지가
솜리 장날에 산고개 넘어간 뒤로
여물 한입 목에 못 넘기던 어미소

벚꽃잎 울안에 꽃비로 내렸던가
새 울음 잦아든 밤이 이슥하도록
외양간에 어미소의 가쁜 숨소리
방안에도 잠 못 드는 잔기침 소리

* '어미소가 송아지를 핥아주는 사랑'이란 뜻으로, 자식에 대한 어버이의 지극한 사랑을 비유적으로 이르는 말.

연꽃 사랑

그대 나를 만났다 마오
곁에 다가가면 몽롱하여 안 들리는
멀리 떨어져서야 은은히 들려오는
그 향기 그 꽃내음
삽시간의 황홀 뒤에
마음 휑하니 돌아섰는데
마음 먹먹해져 왔는데
그대 행여 나를 만났다 마오

그대 우리 헤어졌다 마오
똑바로 바라보면 눈부셔 안 보이는
아예 눈 감고 있어야 환히 보이는
그 자태 그 꽃모습
송두리째 넋을 뺏겨
마음 못 떠나고 있는데
마음 붙들려 있는데
그대 행여 우리 헤어졌다 마오

하얀 나비

점심나절의 강둑 산책길에
외딴 고목 옆을 지날 때마다
옹색한 나무그늘에 앉아
어깨 맞댄 사시랑이 부부

멀찍이 바라보면 좀 짠하긴 해도
눈에 띄지 않는 날에는
오명가명 은근히 기다려지던
살가운 연민과 연민

오늘따라 갈바람 좋은 날
오랜만에 할머니만 나와 계신데
머리 위에 앉아 졸고 있는
하얀 나비 한 마리

유유한 시월의 앞 강물처럼
잔물결 이는 가슴 부여안고
영원 속을 흐르며
말 없는 영혼

세상에서 가장 고결한 꽃

히말라야 산정의 눈 속에 핀 푸른양귀비도
천년 묵은 씨앗에서 피어났다는 아라홍연도
다 아니라면

깊은 병 앓는 창가의 소녀를 향해
포도의 균열을 뚫고 나와 손짓하는 흰민들레꽃도
절벽 위에서 뛰어내리려던 청년의 눈에 비친
절벽 끝에 아슬아슬 매달린 핏빛 동백꽃도
모두 다 아니라면

벌바람만 가슴에 안고 홀로 살아온 늙은 아낙이
마른 눈물로 고이 가꾸어 얻은 꽃
언제든 하늘이 부르면 당장 떠날 거라고
떠난 자리 지켜줄 사진 한 장 찍겠노라고
깃털 같은 몸을 살포시 기댄
환한 웃음 닮은 꽃
함박꽃이라면

사랑의 단맛

사랑의 단맛에 도취하면
필경 모든 맛을 잃게 되거니
되도록 삼가면서 내주어야
지극한 마음을 느끼게 되는
그래서 산설한 사랑이란
유량有量이 무량無量

사랑의 쓴맛에 무너지면
속절없이 미혹되어 괴롭나니
덤덤하게 집착하지 말아야
금세 마음 다시 열리게 되는
그래서 강고한 사랑이란
무정無情이 유정有情

맴*이 거시기혀서

꼭 헐 말이 있고만 왜 이런당가요
내동 암시랑토* 안 혔는디 입도 띠기 전부터
으찌 이러크롬 가심*이 벌렁거리고
쌔바닥*은 얼음뎅이맹키로 굳는지 몰러
구신이 곡허다 말고 지한테 씨웠당게요

이 시상으서 질로* 불쌍헌 것이
아퍼도 말 못허는 짐승이라고들 허지만
속이 바싹 타들어감서도 멀쩡한 지 입 갖고
똑뿌러진 말 한마디 씨언허니* 못허는
요 짜잔헌* 놈보담도 더 불쌍허것능가요

도대체 허고자픈 말이 머시냐고요
앗따 다 암시롱* 궁게 고걸 꼭 말로 히얀대요
물 올른 낭구* 우에 새들은 울어싸코
먼 놈의 날씨한질라* 이르케도 존지
참말로 맴이 거시기혀서 요걸 으찌얀대요

* 차례대로 '마음', '아무렇지도', '가슴', '혓바닥', '제일로', '시원하게', '못난', '알면서', '나무', '날씨조차'를 뜻하는 전북지방 방언임.

진즉 그랬더라면

큰스님의 시집을 들추어보니
처음부터 끝까지 죽음 노래뿐이네.
나날이 새로웠을 높은 마음자리에도
죽음은 그렇게 가까운 것이거늘
그날이 그날 같은 뱁새 주제에
천년학의 꿈속을 헤매이고 다녔네.
떠나보내는 아픔에 줄창 흔들리면서도
내가 정작 떠날 운명이라고는
털끝 생각도 없이 살아왔었네.

날마다 불이문 넘나드신 큰스님을
진즉에 마음속에 모셨더라면,
거꾸로 매달아도 사는 게 낫다는데
생사일여라는 구름 잡는 말 걷어치우고
죽음이 속수무책으로 다가오는 실상을
두 눈 부릅뜨고 바라보았더라면,
어디로 갈지 몰라 허둥거렸던
숱한 갈림길의 길목에서마다
그 뻔한 이치 하나만 떠올렸더라면,

헤어짐에 대하여

기다리는 날은 더디게 오느니
딱히 언제라고 정하진 말고
이담에 또 보자고만 약속할까요
오래 지나 약속마저 잊히더라도
마음 행여라도 아프진 말게

모든 날들은 기어이 다가오느니
굳이 어느 한날로 잡을 거라면
먼 훗날의 만남으로 약속할까요
덧없는 세월 뒤에 그날이 오면
털끝 미운 정도 씻어버리게

만나고 헤어짐이 따로 없느니
잊은 듯이 잊힌 듯이 견딜 거라고
태연스럽게 서로 다짐해 봐요
언젠가 바람처럼 스쳐 지나거든
무심한 인생사 섭섭지 않게

어느 산책길의 독백

스마트한 로데오거리를 왁자지껄 지나가는
젊은 그대들이 낡은 옷을 입을 리 없고
멀쩡한 옷도 일부러 찢어 입는가
숭숭 뚫린 구멍으로 아까운 혈기 새나갈까
괜한 걱정이 없지 않으나
닳고 해어져 낡아빠진 것처럼
오랜 세월을 그럴 듯이 꾸민 모양도
딴은 제법 편해 보이긴 하네그려

그런데 그렇게 오래되어 편해지는 게
어디 비단 옷뿐이겠는가
사대육신 오장육부 번쩍번쩍하던 몸이
산전수전 별별 고생 다 겪고 나면
성한 데라곤 없는 고물딱지가 되고
필경 스스로 낯설어지기까지 하지만
웬걸, 참 신기한 노릇이지
덜덜거리고 삐걱삐걱하면서도
오히려 갈수록 편해지는 느낌이라니
다닥다닥 붙어있던 욕심이며 집착들이

죄 녹슬어 바스러진 자리에
무슨 윤활유라도 도는 까닭일까
행여 늙은 몸뚱이라고 딱한 눈길은 사양하겠네

나선 김에 자늑자늑한 물소리 들으며
쪽빛 하늘의 낮달이나 따라가다가
예전의 강변길을 반절도 못 걷고 돌아올망정
아픈 다리 아프지 않을 만큼 걸어서
편안한 풍경 한 점 속으로 깃들인다면
굼뜬 어정걸음인들 어떻겠는가
암튼 오늘 날씨 한번 조옿네

입춘 산행

산속의 가지가지 나무들은
서로 다른 시간을 따로따로 살면서도
어김없이 똑같이 봄을 맞는다만

혹독한 바람에 뿌리째 기운 나무
무거운 눈에 눌려 허리가 꺾인 나무
그 안간힘과 죽을힘이 측은하다고
그들에게 먼저 봄기운을 내주었을까

누추한 곳은 늘 눈길 밖이라서
된비탈 응달쪽의 낯선 나무들에는
비록 더디 오며 애를 태울지라도
훨씬 더 아늑하고 살가운 봄빛이리라

그 산 아래 산을 등지고
사람들이 모여 살고 있다
봄이 오는지 가는지조차 모르고

진짜 제 색깔

인도 오지 마을에서는
마른 쪽잎 우려낸 물을 탕에 담고
장정 여럿이 함께 하늘만 쳐다보며
파란 하늘이 노래지도록
노란 하늘이 파래지도록
진종일 물에다 발길질하면
서서히 깨어난 물에서 얻게 되는
진짜 하늘색 안료

멕시코 열대 땅에서는
불꽃 폭염을 하염없이 견디고
불꽃 봉오리 터트린 선인장 속에
기다리던 연지벌레가 꽃잎을 먹고
소신공양이라도 하듯이
불꽃 볕기에 몸을 내던지면
타버린 창자 속에서 얻게 되는
진짜 불꽃색 안료

진짜 제 색깔이 되려면

각고刻苦하는 시간들이
하늘 같아야
불꽃 같아야

단풍꽃

단풍이 든 동구 밖 당산나무에
새들이 떼지어 모여들었네.

꽃술의 단맛과 향기를 품고
봄꽃은 벌 나비를 유혹하는데,
단맛도 향기도 아닌 단풍이
가을에 다시 피어난 꽃이라면,
황혼빛 어리비친 단풍에게서
도대체 새들은 무얼 찾고 있을까.

궁금하여 천천히 다가가 보니,
새들이 그새 떠나버린 당산나무는
홍조 띤 잎새들을 하나둘 떨구며
고즈넉한 침묵에 잠겨 있었네.
일순 온몸으로 전율처럼 느껴지는
달콤하고 향기로운 고요,
실로 황홀한 꽃자리이었네.

쓰레기봉투를 내놓으며

늦은 밤 귀갓길에 두어 번 마주친 적 있던
우리 동네에 청소차 타고 찾아오는
내 또래 서리 내린 머리의 중늙은이,
그가 오늘밤에도 집집마다 들러
내 문 앞 쓰레기봉투를 죄다 갖고 갈 텐데
무거운 봉투를 차에 들어 올리느라
잘록한 허리 끙끙대며 어지간히 부대낄
그의 허연 밤이 문득 안쓰러워
저녁 무렵 봉투에 쓰레기를 꽉 채우지 못한 채
뜬금없이 떠올리는 한 생각,

쓰다 버린 멀쩡한 잡동사니들하며
먹다 남긴 아까운 부스러기들하며
마당에 가꾼 꽃들을 돋보이게 하려고 걷어낸
꽃나무의 군잎과 곁가지와 온갖 잡초들까지,
하나같이 더 많이 갖고 더 많이 누리려는
순전한 욕심으로 말미암은 것들이
저렇게 쓰레기봉투를 채우고 있다니,
모든 욕심이 곧 쓰레기인 줄도 모르고

그 많은 걸 마음속에 붙들고 깨끗한 척하면서
고작 봉투 속에서 쓰레기 한 줌 덜어냈구나.
쓰레기 따위로 시를 쓴다는 것부터가
부질없는 또 욕심이겠다마는,

경계를 경계하다

그네들이 저마다 제 이름을 갖듯이
제집을 갖는 것도 자유라면 그렇다 치고
그런 자유를 누리고 사는 축에 들었으니
스스로 운이 좋은 초로의 집을 골라
그 안뜰 수복나무의 잎가지 속에
며칠간의 역사 끝에 세운 단칸 초옥
금 긋고 경계 짓는데 이골 난 그들이야
둥기만 하면 영원한 내 것이라 뻐기지만
잠시 깃을 들이고 머무는 곳일 뿐
추호도 내 것이 아닌 둥지 하나

오늘 아침 그 둥지를 발견한 집주인이
제집을 또 침입했다고 푸념하기에
댓바람에 푸드득 깃을 쳐 올라
턱없는 착각과 오만을 질겁하게 했느니
입은 삐뚤어졌어도 말은 바로 하랬다고
애초에 거칠 것 없이 훨훨 나다닌 누리인데
누가 누구에게 빌붙은 것이더냐
멀쩡한 누리를 제멋대로 나눠놓은

그딴 경계는 단지 그들만의 것일 뿐
경계 모르고 사는 자유를 어찌 알겠느냐

눈이 내리면

먼 바다 찾는 강물은 앞만 보고 흐르며
단숨에라도 닿을 듯이 갈 길 바쁜 겨울날
온종일 나부끼던 강바람도 가뭇없는데
외로운 들녘에 하늘하늘 눈이 내리면

마른 나무들 곁에 있어도 서로 그립고
그립다 못해 차라리 꿈결에 젖는 겨울밤
서산마루 너머로 은빛 달은 기울어 가고
고요한 숲속에 싸락싸락 눈이 내리면

소금의 우주

노을빛 내려온 저녁 식탁에 앉아
시장기에 입맛을 다시다 말고
침침한 노안의 눈이 반짝해지는 까닭은
뜬금없이 아주 번연한 깨달음일까

다들 먹기 위해 사는 양 맛만 쫓는 세상에
그 맛을 조종하는 먹거리가 분명한
눈에 띄지 않게 식탁을 지배하고 있는
한 알의 소금이 내게 오기까지는

밤낮없이 끊임없이 요동치면서
때로는 온 바다를 삼킬 듯이 뒤집을 듯이
아우성치고 울부짖는 파도들이
바닷물의 짠맛을 속속들이 우려내고

그 바닷물을 갯벌밭에 가두어
허리가 끊어지게 대파질*로 다져가며
달이 차고 기울도록 햇빛과 바람에 말리면
마침내 하얀 소금꽃이 피어날까

〉

천지간에 무량하게 빛나는 것들
바다의 눈물과 사람의 땀과 하늘의 은총이 이룬
신비롭고 장엄한 대우주의 조화造化가
소금알 속에 고스란히 깃들어 있네

노안이 오히려 반가운 식탁 위에
시공時空의 장벽을 거침없이 넘어와
내 입맛을 채워주는 먹거리치고
그런 조화 아닌 것이 어디 있을까마는

* 염전에서 대파기로 소금을 긁어모으는 일.

개밥바라기별

끙끙 부여잡은 허리
겨우겨우 내딛는 발걸음
어질어질한 허기를 앙다물고
집으로 돌아가는 어슬녘 들길에

서산 위로 떠오른 반짝반짝 별 하나

퍼뜩 허리 곧추세워 종종걸음 재촉하며
허기도 잊고 가는 빈 개밥바라기 한 걱정

이별보다 더 아픈

점점 몸이 굳는데도 살갑기만 하다가
끝내 부축할 수조차 없게 된 남편을
요양원으로 짐짝처럼 들여보내고
그날그날이 먹먹한 가슴은 웬 업보일까요.

늙어가며 잊는다는 게 병일 리야 없고
머릿속에 해미가 끼었을 뿐인 아내를
제주도로 데려가 곁에 끼고 살면서
갈수록 막막해지는 가슴은 무슨 잘못일까요.

안 가려고 하는데 기어이 떠나보냈거나,
떠나보내라고 하는데 끝내 붙들었거나,
차라리 이별보다 더 아픈 먹먹하고 막막함이
한생을 아낌없이 바친 사랑의 보답으로
도대체 가당치나 한 것일까요.
어쩔 수 없는 섭리이고 운명이라지만
이제 연민만 남은 아린 가슴들에게
어쩌면 그렇게도 야속할까요.
〉

바람결에 또 다른 이별 소식 전해 듣고
홀로 먼산바라기를 하고 있는데,
빈 하늘을 맴도는 외로운 기러기는
얼마나 애끓는 슬픔이기에
꺽꺽 목이 메어 울지도 못할까요.

늘그막 눈물

늙으면 눈물이 헤퍼진다는 말은
반은 맞고 반은 틀리지 싶네
사노라니 사랑하는 일밖에 없는데
모든 사랑의 끝은 이별뿐이라는 걸
자각하고
예감하고
내 몸의 일부와 하나둘씩 이별하면서
어쩔 수 없는 슬픔과 두려움이
어쩔 줄 모르고 눈가에 그렁그렁하는데
어찌 헤픈 눈물이라고 탓하겠는가

늙으면 또 말이 많아진다기에
내 딴에 삼가서 변명하네만
늘그막의 눈물은
점점 마른 눈물은
떠나간 빈자리마다 아른거리는
아련한 사랑의 그림자들
외로운 마음붓으로 그리면서
그리워 그리워하는 까닭이 아니겠는가

〉
그래, 못 견디게 그리운 것들이 많아
늙으면 자꾸 눈물짓는다네
눈물약까지 넣어가면서 말이네

아침 식탁에서

살가운 햇볕 내려온 아침 식탁에
한 쌍의 삶이 삶은 달걀 한 쌍을 놓고
달걀을 먹으면 뇌가 커진다는 둥
치매 예방에 노른자가 최고라는 둥
걱정만큼이나 말도 많다가
달걀 한 개 어느 틈에 사라진 뒤
남은 것이 누구 몫인지 모르고
서로 어여 먹으라고 권하고 있는
한결 곰살스러운 기억의 변두리에서
하나씩 잊어 먹고 사는 노후의 삶이란
마치 사라진 달걀의 행방과 같은

그믐달

떨칠수록 질긴 어둠을 지나
희뿌연 새벽 빈 하늘가에
홀로 외로이 떠 있는 채로
힘겨웠던 체념의 흔적들
성성한 머리처럼 흩날리는 달

한 조각 꿈으로 부풀다가
반쯤 웃고 반쯤 울다가
한때의 절정에서 우쭐도 했던
차마 못 잊는 회한의 추억
파릿한 핏줄처럼 도드라진 달

별빛 스러지면 이울까
댑바람이라도 불면 꺾일까
찬 이슬에 무젖어 씻겨버릴까
가녀린 사랑의 연민만 남아
하얀 눈썹처럼 처연한 달

있는 듯 없는 듯 그믐달 속에

내 마음이 아련히 비쳐집니다
잡힐 듯 말 듯 내 마음속에
그믐달이 동그마니 떠오릅니다

| 제2부 |

검은 눈의 서사敍事

스산한 바람 끝이 날카롭긴 해도
그런대로 별빛 창연하던 그날 밤에
메마른 나무들끼리 서로 어깨 겯고
그나마도 평화롭던 그 숲의 정적은

난데없는 용오름의 몹쓸 저주로
당장 가상현실이라도 닥친 듯
검은 눈의 폭설에 갇히고 말았느니

믿기지 않는 살풍경에 놀란 나무들이
두려움보다는 분노를 못 참고
분노보다는 허탈감에 힘겨웠으나

다행히 숲은 성채처럼 끄떡도 않고
어김없이 새날은 다시 밝아오는가

그래도 으슥한 곳곳에 똬리를 틀고
눈먼 광기들이 검은 눈을 또 기다리지만
아무리 질긴 어둠이 발버둥친들
새벽빛 한 줄기를 어찌 이기겠는가

백성의 눈물

백성들의 아픈 눈물을 닦아주는
그런 통치를 펼치겠노라고
그럴 듯한 말다짐은 요란했지만

축제 한마당인 이태원 골목에서
나라가 아예 손 놓고 있는 사이
아비규환의 발길들에 짓밟혀
무참히도 거적주검이 되고 만
꽃다운 딸의 넋을 달래려고
장대비가 쏟아지는 그 골목길을
오체투지로 기어가는 에미와

해병대에 입대한 늠름한 아들이
홍수가 난 물속에 맨몸으로 들어가
군말없이 죽도록까지 훈련된 대로
어떻게든 실종자를 찾아내라는
나라의 명령을 고분고분 따르다가
스스로 주검으로 떠오른 강가에서
날마다 절규하는 또 다른 에미의

〉
살아서도 살지 못하는 눈물

세월호가 뒤집힌 후 선실에 갇혀
선장도, 선원들도 모두 내뺀 줄 모르고
나라의 구조만 기다리다가 수장된 넋이
아직도 성난 파도 속에서 허우적대건만
속절없이 다시 맞는 어버이날
자식 그리운 마음이 북받쳐 올라
끝내 진도 앞바다에 뛰어든 애비의

죽어서도 죽지 못하는 피눈물

아무도 닦아주지 않는 그 많은
눈물은 빗물로, 강물로 흘러내리고
피눈물은 바닷물 되어 흐느끼는데

도리어 울고 있는 백성들을 향해
통치자의 눈물을 닦아주자는
얼빠진 광대들이 거리에 울부짖는가

아수라장

손바닥에 턱 '왕王'자 쓰고 나타나
눈멀고 귀먹은 환호와 갈채만 바라보며
편 갈라 죽자사자 싸울 궁리나 할까
혹시 싶은 아수라

하늘 무서운 줄 모르는 힘센 자들이
온갖 억지와 거짓으로 꾸며 쏟아내는
말도 아닌 말들에 홀려 점점 미쳐가는가
혹시 혹시나 싶은 아수라 왕국

돈키호테라는 왕년의 허풍쟁이 기사처럼
미쳐 날뛰는 어이없는 세상이 역겹다면
차라리 같이 미쳐버려야 살 수 있을까
역시나 불쌍한 아수라 왕국의 백성들

개[犭]가 왕王인 줄 알고 나대는 걸 빗대어
일찌감치 '미칠 광狂'자까지 지어 놓고
애꿎게 '미친개'라고 손가락질해왔으나
오히려 개들이 코웃음 칠 아수라장

영욕 榮辱

꽃 중의 왕이라는 모란 한 송이
이름값하듯 화려한 꽃을 피우고
그윽이 진동하는 향기까지 더하였으니
더 부럽고 더 바랄 것 없으련마는
에워싼 환호성에 마음이 팔려
더 높은 절정을 탐한 까닭일거나
만개의 몸부림 끝에 제풀에 지쳐
고작 사나흘도 못 가 꽃이 지고 말았네
더욱이 그 안타까운 낙화마저도
봉오리째 뚝뚝 떨구기 어려웠다면
지나가는 바람에나 훌훌 날려버리지
시든 꽃잎 그대로 눌어붙어 뭉그러진 채
온종일 비에 젖고 눈물에 젖고
더 누추할 수 없는 꽃자리가 되었네
한낱 꽃의 영욕이 저러할 때는

개미 떼 행렬

때 이른 폭염이 점령한 길 위에
눈에 잘 띄지도 않는 개미 떼 행렬이
가죽투구 쓰고 갑옷까지 걸친
커다란 장수풍뎅이 한 마리 끌고 간다.

가장 억센 힘을 뽐내며
곤충의 왕으로 살았을 그는
무슨 어마한 음모를 꾀하다가
저토록 어이없이 망가졌을까.

극히 보잘것없는 힘으로
궁핍과 멸시의 어둠 속에서도
일억 년 넘게 누대로 살아왔다는 그들은
또 무슨 신심이 그리 높기에,
저마다 사력을 다하고
다 함께 총력을 기울여
저 어마어마한 몸체를 쓰러뜨렸을까.

장엄한 행렬을 보며 박수 치다가

더위 먹은 소가 달만 보아도 헐떡인다고,
아무 힘없는 무지랭이로 살아오면서
툭하면 소름 돋는 계엄의 역사에
지레 주눅들고 만 터수라서
공연히 홀로 불안해진다.

물론 그때마다 어김없이
무력無力이 무력武力을 막아낸
경이로운 역사 또한 철석같이 믿거니
천만에 만만에 부질없는 상상이겠지만,
청천벽력 같은 조화가 일듯
장수풍뎅이의 망령이 설마 되살아나
개미들 앞에 여봐란듯이
위력威力으로 위력偉力을 덮진 않을까.

연鳶

고작 댓살 몇 개로 만든 한지 방패를
한가운데와 양쪽 귀와 꽁수를 이어 맨
연줄이 팽팽히 지탱하면서
좌우 대등하고
상하 조응하여
빈틈없이 정연한 조화를 이루면
여린 몸체를 찢어발길 듯이 몰아치는
광란의 살바람도 속수무책
방구멍 밖으로 내빼고 마는
연아

두 동강 나버린 것도 모자라
온갖 구실로 편 가르고 패를 지어
무조건 내 편이 아니면
불구대천의 적일 뿐이라고
불신과 증오의 칼날을 세워
죽기 살기로 싸우려고만 드는
역겹다 못해 가엾은 분열의 땅 위로
몹쓸 악귀와 망령들을 쫓아

한바탕 살풀이라도 하듯
훨훨 날아올라라

오랑캐꽃

먼 옛날 만주 땅에서 도강하여 쳐들어와
북녘 동포에게 갖은 노략질을 일삼던
못된 꽁지머리들이 오랑캐라면,
바다를 건너와 나라를 빼앗은 왜적들과
되찾은 나라를 안에서 흔들어 결딴내버린
권력에 눈먼 불의한 독재의 무리까지
싸잡아 오랑캐라고 말 못할 것도 없으려니,
그들에게 온 겨레가 온몸으로 맞선
3·1운동의 대한독립만세 소리,
4·19, 5·18, 6월 항쟁의 혁명의 노래,
차례로 울려 퍼지던 삼천리강토의 봄언덕에
무더기로 피어난 앉은뱅이꽃을 가리켜
하루 한시도 그들을 잊지 말라고
이름하여 오랑캐꽃이렷다.

그런데 요즘은 별의별 가짜가 판을 치는
하도 어처구니없는 세상이라서인지,
눈앞에 없는 오랑캐들까지 가짜로 꾸며내
그 허깨비 적들을 단칼에 물리친답시고
군을 동원하고 온통 난리법석을 떨었으니,

유난히 매서운 꽃샘바람도 아랑곳없이
을사년의 봄언덕에도 지천으로 흐드러진
오랑캐꽃들이 괜히 무안하겠다.

눈꽃 전사들을 위한 찬가

이 세상 모든 신앙이 귀하다 해도
내가 사는 성은 내 손으로 지킨다는
평범한 이치를 믿고 따르기가
오히려 더 고귀한 일이 아닐까
성 안의 높고 힘센 무리들이
백성이 나라의 근본이라는 천명을
백성을 주인으로 섬기겠다는 맹세를
감히 헌신짝처럼 내버리고
사슴을 가리켜 말이라고 우기듯
온갖 거짓과 억지로 둘러대는 꼴이라니
그러나 성을 무너뜨리는 것은
정작 무도한 저들의 불의가 아니라
불의 앞에 주눅든 침묵이 아닐까
이젠 결코 의심하지 않는 굳센 신념으로
밤눈 쏟아지는 길거리에 다함께 모여
칼 대신 작은 불빛 하나 손에 들고
갑옷 대신 은빛 망토 두르고 꼿꼿이 앉아
살점 도려내는 칼바람을 밤새 견디며
대한국민은 승리하리라

대한민국은 영원하리라
목쉰 함성들마다 점점이 눈꽃을 피우느니
그 결기 스스로 돕는 자를 돕는 하늘에 닿아
하늘의 가호로 마침내 제 성을 지키는
하루하루 힘겹도록 평범하지만
모두 다 한마음 한뜻이라서
오히려 더 힘센 길 위의 전사들이여

봄이 오는 길

봄은 쉬이 오지 않는다.
기다림에 지치도록 마냥 느리게
때로는 일껏 오던 길을 거슬러
허둥지둥 되돌아가고,
때아닌 난분분한 눈발 속에
오락가락 헤매기도 하면서
애태우듯 봄이 온다.

봄은 편히 오지 않는다.
가까이 다가올수록 조마조마하니
날카롭게 흔들리는 높은 나무
위태한 우듬지 끝에서 부르르 떨고,
인고의 세월이 켜켜이 쌓인
천애절벽까지 숨차 오르며
불안스레 봄이 온다.

아늑하고 쾌미하고 향기로운
어머니 품속 같은 시원으로 돌아오는
대자연의 봄이 그러하듯이,

하늘이 준 자유를 맘껏 숨쉬고
진실한 말과 평화로운 풍경이 어울린
사람다운 사람들의 세상으로 돌아오는
민주의 봄 또한 그러하리라.

본디부터 깃들었던 자리
제자리로 돌아오는 고결한 걸음이라서
멀고 먼 에움길로 온다.
피 흘리는 가시밭길로 온다.

부끄러운 이야기

아이야,
그날그날 살아온 우리 배달겨레가
오히려 역사는 다채로워서,
아지랭이 피어오르는 봄의 강토에는
달마다 몸을 달구는 이야기란다.
3·1과 4·19
5·18과 6·10
그 혁명과 항쟁 때마다
서로 어깨 겯고 함성 지르며
뜨거운 피와 하나뿐인 목숨들을
구국의 제단에 바쳤으니,
그래서 얻은 고귀한 자유란다.
그래서 누리는 높푸른 하늘이란다.

그런데 아이야,
그날의 난데없는 총부리는
나라를 이끄는 제일 힘센 공복이
나라의 주인인 백성들을 겨누었단다.
다행히 다채로운 우리 역사는

힘없는 백성들의 승리를 또 기록했다만,
만일 자유를 잃었더라면
만일 하늘이 무너졌더라면
가슴 쓸어내리는 그들을 향해서,
아무도 피 흘리지 않았다고
아무도 목숨을 잃지 않았다고
그는 끝내 아무렇지도 않단다.

사랑하는 아이야,
부끄러움을 아는 마음이
사람됨의 근본이라고 믿는
늘 가슴 뛰던 어느 옛 시인이
시로써 부끄러움을 노래했단다.
나라 잃고, 이름 잃고, 자유마저 잃고도
하늘에 한 점 부끄러움 없기를 기도했단다.
시인이 홀로 쓸쓸히 걸어갔을
그 하늘 아래, 그 별빛 속에, 그 바람 따라
너와 함께 오손도손 걷는
이 봄밤의 산책길이
오늘따라 못 견디게 부끄럽구나.

태극기 유감遺憾

나라의 목숨이 위태위태하던
하필 그때 태어난 때문인지
그 깃발을 품은 가슴들
나라를 위해서라면 목숨 걸고 싸워
힘겨운 승리로 빛을 되찾은 때도
처절하게 패하여 나락으로 빠진 때도
모두 떨쳐 일어나 함성 지르거나
홀로 쓰러져 피 토하듯 절규하거나
더러는 끝내 한목숨 다하는 순간까지도
제각기 온 가슴으로 쏟아내는
장렬한 투혼의 눈물, 눈물마다
그 깃발을 꺼내 휘날렸는데

그러나 대명천지의 오늘
나라의 존망 따위 안중에도 없고
얼마나 어떻게 위태한지도 알 리 없는
서울 한복판에 난장亂場을 지나며
차마 부끄러워 눈길 돌려버린
떼 지은 악어의 눈물들이

그 깃발을 들고 아우성치느니

통곡하는 태극기여!

우두머리

　누구나 두 눈귀로 똑똑히 보고 들었듯이
　모든 사람을 섬기며 종노릇하겠노라 다짐했으니
　그는 당연히 우두머리가 아닙니다

　일할 시간이 모자라, 편히 잠들 수 없고
　주린 사람들이 많아, 밥술도 잘 뜨지 못하고
　여기저기 신음소리 높으니, 아프긴커녕 아픈 척조차도 어렵없고
　사람들이 불안해할까 봐, 울지도 화내지도 못하고
　막다른 궁극의 자리에 앉아, 아무에게도 책임을 미룰 수 없고
　세상의 분열이 가장 두려운 것이라서, 어느 쪽도 편들어선 결코 안 되는

　누구나 지금 마음속으로나 그려보겠지만
　모든 사람을 고루 잘살도록 앞장서 이끌어야 하는
　그는 엄연한 우두머리입니다

형님과 홍어

큰 수술 끝에 다시 일어나 고맙다고
홍탁*을 좋아하는 형님 손을 부여잡고
올봄 가족여행 땐 홍어나 실컷 먹겠더니
손끝에 야윈 힘이 반갑게 응답한다
6·25전쟁의 난리통에 태어나서
난리를 겪는 일도 타고난 운명인지
툭하면 계엄이고, 잊을 만하면 쿠데타로
제 나라 백성에게 총부리를 들이대며
제멋대로 갈아엎는 나라이지만
하늘만 믿고 땅 파먹고 살아오면서도
내 손으로 지킨 내 나라, 내 땅이라서
시골구석에 찌든 채로 부끄럽진 않았는데
애써 잊은 군바리 독재의 망령이 되살아나
하늘 높고 백성 무서운 줄 모르고
맑은 하늘에 날벼락 같은 또 쿠데타라니
이놈의 세상 만만한 게 홍어좆이라고
언제나 죄 없는 백성들만 골병든다고
창자를 한 뼘 길이나 잘라낸 형님은
걸쭉한 탁배기 한 잔 걸친 홍어회 맛이

오늘 따라 못내 그리울 것이다
소름 끼치게 삭힌 딱 그 맛이래야
묵은 체증 같은 울분도 삭일 것이다

* 홍어에 탁주를 곁들어 먹는 것을 이르는 호남 지방 방언.

화병 火病

언제 적부터인지 나는
화병을 앓아 왔다
이 나라의 분노한 백성만이 앓는다는
병 같지도 않은 병

오천만 민의의 전당이
총칼 든 군홧발에 짓밟히고
나라 기강의 보루인 법원이
폭도들의 분탕질로 산산조각 나는
이십일 세기 문명국의 야만을 보고
"이게 나라냐"
또 화병이 도지는데

어느 노 철학교수의 일갈一喝이
내 어깨를 죽비처럼 내리쳤다
"네가 바로 나라다"

금세 치명적인 불길을 잡고
내 몸의 내란內亂을 종식시킨

딱 맞는 약도 있는 걸 보면
병이 맞긴 맞는 병

웃프다는 말

세상에서 가장 아름답다는 꽃
억지로라도 그 낯꽃을 피우겠다고
지금껏 웃을 만큼 웃고 살아왔지만

요즘 요지경 속을 지나면서 때로는
웃고 싶어도 차마 웃을 수 없고
오히려 눈물이 핑 돌기까지 하니
내가 실소 끝에 실심한 것이랴

가령 휘돌아 올라오는 태풍의 진로에
모두들 촉각을 곤두세우고 있다가
벼랑 끝에 선 이 시대의 어느 청년이
"태풍은 좋겠다, 진로도 있으니"
한숨 섞어 내뱉는 푸념 소리에
웃다 말고 도리어 마음 아프다면

마침 태풍 속 같은 저 높은 무대 위로
이 나라 힘센 자들의 그야말로 아수라장
영락없는 막장 코미디이지만

내 손으로 꾸민 무대이고
내가 그들 손에 명줄을 맡긴 거라서
웃다 못해 영 서글프다면

낯꽃치곤 참 애매모호한 느낌
억지스럽긴 해도 한 마디로
'웃프다'고 말할 수밖에

대모산 까마귀 떼

녹음방초 떠나버린 흔적 위로
메마른 갈바람 맥없이 서성거리고
지친 소걸음에 마음만 바쁜
을씨년스러운 해거름의 하산길

그 많던 산새들은 다 어디로 가고
난데없이 몰려든 살찐 까마귀 떼
이 나무 저 나무에 내려 앉아
음산한 울음으로 시위하듯
대모산을 통째로 흔들어대는데

까마귀 울음소리와 어스름
불길하게 어울린 살풍경에
갑자기 멈칫하고 쭈뼛해지며
점점 허둥대는 발걸음, 숨소리, 눈초리……
때마침 낯설게 마주친 갈림길 앞에서
멍하니 길을 잃고 마는가

까악, 까악, 까악

부패의 먹이를 찾는 날갯짓 따라
각각으로 울음소리 잦아들자
문득 길 위에서 각성하느니
단지 용기가 모자라서가 아니라
자기의 정체를 잊고 있는 음지라서
독버섯처럼 피어나는 두려움

늘 시퍼렇게 깨어있을 일이다
흑심 따위 얼씬도 못하게 할 일이다

시답지 않은 시

대통령답게 해야지
선량답게, 판검사답게 해야지
선생답고, 기자답고, 목사답게 해야지

저마다 그렇게 하고 있다지만
형형한 눈들이 부릅뜨고
답지 않다고들 하지 않는가
시퍼렇게 뜬 눈들이 탄식하면서
답기는커녕 너무 부끄럽다고 하잖는가

그래도, 그래도 빛이 있는 세상
지엄한 하늘이 굽어보고
서로가 서로를 지켜보는 한
강물처럼 면면하고 도도한 역사 속에서
제각기 역사의 주인답게 바로 서겠지
그래서 모두들 사람답게 떳떳이 사는
세상다운 세상을 맞게 되겠지

그런데 잠깐

남 이야기 길게 할 것도 없이
저부터 저답게 살겠다고 다짐하더니
시답지 않은 시나 끄적거리고 있다고
누군가 시답지 않은 눈으로
지금 날 바라보고 있잖는가

열사를 기리며
—노동운동가 전태일全泰壹 님의 55주기에 부쳐

1.
어떻게라도 배우고 싶은 일념만으로
동생을 등에 업고 나와 서울 거리 떠돌다가
누렇게 뜬 얼굴로 배고파 우는 동생을
미아보호소 가는 시청 버스에 태워 보냈다
산들도 어둠 속에 돌아눕는데

부잣집으로 식모살이 하러 가신 어머니
혼자 남은 고향집에서 술타령하실 아버지
별빛만 무심하게 쏟아지는 밤에

뱃가죽이 등짝에 달라붙은 현기증보다
온몸이 오그라드는 한뎃잠의 오한증보다
몇 곱절 더 참을 수 없는 고통으로
생이별을 앓는 비인간

2.
우산 한 개 얼마냐
35원이에요

저번엔 30원에 샀는데
그럼 본전밖에 안 돼요
애들은 입만 열면 죽는 소리야
한 개만 팔아주세요
우산이 뭐 이래, 고물이잖아
금방 받아온 건데요
변명 마라, 변명만 하니까
맨날 그 모양 그 꼴로 거지꼴이야*

배우기는커녕 당장 먹고 살아야 해서
닥치는 대로 하는 일마다 죽을힘을 쏟는데
죽는 소리나 하고 변명만 둘러댄다고
그래서 거지꼴로 사는 게 당연하다고
사람 취급도 않는 비인간

3.
평화시장의 벌집 같은 피복공장에는
창문도, 환풍기도 없고
햇빛도, 달빛도, 별빛도 없고

쉬는 시간도, 움직일 공간도 없고
꿈도, 눈물도, 한숨도 없고
억울한 생각도, 억울할 이유도 없고
버리고 싶은 나도, 지키고 싶은 나도 없고

깜박이는 형광등 아래
겨우 숨만 할딱거리며
천 조각 옷 더미 위로 뿌연 먼지 속에
폐병이 깊어가는 줄도 모른 채
미싱 일에 고부라진 꽃봉오리 여공은
한 달에 고작 이틀만 쉬고
하루 열댓 시간씩 일하고도
달랑 커피 두 잔 값의 일당을 고맙게 받는
미싱기나 다를 바 없는 비인간

4.
노동자란 마땅한 호칭조차 무시하고
그저 부지런히 일하는 근로자를 위한다는
이 나라의 소위 근로기준법은

최저임금도, 퇴직금도 있고
기준근로시간도, 휴게시간도 있고
연차, 월차, 생리 휴가도 있고
요양, 휴업, 장해 보상도 있고
심지어 건강진단까지 다 갖춰 있는데
정작 지킬 사람, 다룰 사람이 없는
이름뿐인 죽은 법

그러니까 공순이란 비웃음에도 아랑곳없이
일개미처럼 죽어라고 일만 하며
그 여린 손끝으로 한강의 기적을 쌓고 있는
이 나라의 보배 같은 근로자들은
기실 죽은 법에 명줄을 맡긴
구제불능의 비인간

5.
잠 안 오는 주사 맞고 사흘 내리 야간작업 끝에
눈만 멀뚱히 뜨고 손가락도 못 놀리는
여공의 일터는 암흑이었다

〉
끝내 각혈하는 여공을 끌고 부리나케 달려갔으나
치료비가 없다고 당장 내쫓아버리는 병원
저런 여공들이 사람답게 일할 수 있게 해달라고
아무리 호소해도 못 들은 척 오히려 탄압하는 기관들
세상은 그야말로 암흑천지이었다

저 깊은 어둠을 밝히고자 스스로 횃불이 되리라
홀로 타오르며 통곡하고 절규하는 횃불이 되리라
제 한 몸 남김없이 태우는 횃불이 되어
온 세상 온 가슴 속에 영원히 꺼지지 않는
희망의 불꽃으로 빛나리라

"우리는 기계가 아니다"
"내 죽음을 헛되이 말라"
마침내 그가 횃불이 되었다
비인간의 인간 선언이었다

* 조영래 지음 『전태일 평전』에서 인용함.

사람이 죽었잖아요

멀쩡하던 사람이 죽었잖아요
시퍼런 목숨들의 애비이고 지애비로서
꼭 살아야 할 사람이 제 몸에 불을 붙이고
어이없는 혐의를 뒤집어써 억울하다고
죽음으로써까지 하소했잖아요

죄지은 놈이 제 발 저린 것이라고요
애먼 주검을 죄인으로 몰아세운 것도 모자라
그 앞에 놓인 유서는 누군가 대필한 것이고
그 옆에 서 있던 누구도 죽음을 부추긴 것이니
죄인을 도운 그들 역시 죄인이라고요

어찌 사람된 도리로 그럴 수 있나요
평생 철근 일에 찌든 쇳덩이 같은 인생이지만
사람으로 났으니 사람으로 봐 달라고
제 몸을 불태워 버린 안타까운 양심에게
어쩌면 그토록 가혹할 수 있나요

노동절에 노동자가 죽었잖아요

정말 죄가 없노라 하늘에 울부짖으며
뜨겁게 일하면서 사람답게 살고 싶었다고
죽어서라도 끝내 뜨거운 사람이고 싶다고
한 사람이 싸늘하게 죽었잖아요

능소화 凌霄花

삼각지 비켜 돌아가는 길목의
어느 높다란 담장 위로
푹푹 찌는 무더위를 아랑곳 않고
능소화 꽃들이 무성히도 피어있는데
주위에 모두 숨만 깔딱거리며
한 방울의 비를 갈망하고 있는
눈감고 두 손 모은 기도들을 비웃는 듯
저들끼리만 헤벌쭉한 낯꽃으로
하늘 향해 바득바득 기어오르는 꼴이
오히려 가관일 뿐더러
하늘을 깔보고 업신여긴다는 그 이름자도
너무 어처구니가 없습니다

우연히 길 가다 말고 한숨짓다가
하긴 요즘같이 황당무계한 시절에
말이야 바른 말이긴 해도
법으로 다스리고, 법대로 지킨다고
법 앞에 만민이 평등하다고
말만 번지르르한 세상을 살다가 보니

하늘 두려운 줄 모르는
능소화 꽃 보기조차도 민망합니다

법복을 벗고 나서

눈 감고도 시비를 훤히 가려냈다는
해태의 신통력은 고사하고
솔로몬처럼 밝은 예지를
언감생심 꿈꾸었으랴

그저 물[氵]이 흘러가는[去] 것처럼
법法을 다루라는 시쳇말 따라
한쪽으로 치우치지 않고
순리만 쫓아 분별하면서
오직 법전에 새겨진 법의 명령으로
죄지은 사람 단죄하고
배신한 사람 응징하면
그만인 줄 알았으나

법복을 벗고 나서야
흘러가는 물의 순정한 이치는
언제나 낮은 데로 향하고
어디서나 경계의 벽도 거침없이 넘어
마른 곳 적시고 더러운 곳 씻어주며

고루고루 함께하는 것임을
비로소 알게 되었다

그러니까 법이란
법전 속의 냉정한 계율이 아니라
눈앞에 생동하는 사랑으로
눈길 밖의 찌든 사람들은 물론이고
죄지은 사람까지
배신한 사람까지
아우르고 끌어안아야 하는 것이었다

무궁화백리길을 지나며

완주군 용진에서 화산까지 장장 백리길에
여름 내내 백일 동안 꽃을 피우는
가장 부지런하고 가장 끈질긴 꽃,
무궁화꽃이 피었습니다.
삼천리강토에 하늘이 처음 열린 때부터
이 나라 이 겨레와 줄기차게 함께해 온
나라의 꽃, 겨레의 꽃입니다.

마침 그 개화의 절정을 맞이하는
이때가 곧 광복의 계절임에, 무궁화꽃은
바로 겨레의 자유를 지켜온 꽃이라고 할까요.
아무리 거칠고 메마른 땅이라도
끝내 쓰러지지 않고 꿋꿋이 살아가지만,
그러나 자유의 토양이 아닌 곳에선
한시도 살아있기를 거부하는 꽃,
자유로운 겨레의 숨결과 더불어 영원무궁한
자유의 꽃이 자명합니다.
송이마다 붉은 심장처럼 박힌 단심丹心은
목숨보다 더 귀한 자유를 찬미하겠지요.

〉

망국노들의 기막힌 설움 속에서
자유 잃은 처절한 아픔을 뼈저리게 겪어본
나라의 운명 같은 꽃이기에, 무궁화꽃은
지난겨울의 몸서리치는 악몽을 기억합니다.
나라를 당장 나락에 빠뜨리고
자유를 외치면서 정작 자유를 짓밟으려 했던
위태로운 망상을 잊을 수 없습니다.
그런 까닭에 올여름 터진 꽃망울들에는
사뭇 처연하고 비장한 기색마저 비쳤을까요.

천운으로 암운이 걷히고 국운이 새로 밝아
어김없이 다시 찾아온 광복의 아침,
떨기떨기 생기가 도는 낯빛으로
무궁화백리길을 따라 끝도 없이 도열해 있는
무궁화꽃들을 바라보며 가슴 쓸어내리는
참으로 다행한 소풍길입니다.

님의 침묵 속에서
―만해萬海 한용운 선생의 시집 『님의 침묵』 탈고 100주년을 맞아

님은 누구나 쉬 말하는
스님도 아니고
투사나 혁명가도 아니고
시인도 아니었습니다.
오로지 온 생애가
빼앗긴 나라의 빛을 되찾기 위한 기도이었고,
기도를 마치자마자
평생 어둠 속을 헤쳐 가며 쌓은 공덕을
고스란히 뭇 중생들에게 회향廻向하고 사위어 간
거룩한 불꽃이었습니다.

중생들은 빛을 되찾은 나라에서
우리라는 이름으로 무리 지어 살아가면서
아득한 님의 침묵 속에서도,
거침없는 사자후의 설법을 함께 듣고
나라 걱정으로 꾸짖는 고함소리에 같이 놀라며
나라 사랑으로 속삭인 시를 더불어 노래했습니다.
그 덕분에 그나마라도
부끄러움을 알고

혼미한 정신을 추스르고
절망의 늪에서 일어설 수 있었습니다.

그러나 우리는 모두
이별이 '스스로 사랑을 깨치는 것'*인 줄 알면서도
아직껏 님을 떠나보내지 못했습니다.
오매불망 그리던 님의 바다
만법萬法의 바다를 한입으로 찬양하는
허울 좋은 이름뿐인 우리야말로,
물결 따라 갈라지고 바람 따라 흩어지는
바닷가 물거품의 무리이고,
때로는 서로 할퀴고 집어삼키려 드는
흉포한 물살의 무리인 까닭입니다.

저 거친 밤바다의 등댓불처럼
여전한 어둠 속의 우리를 지키려는 듯
꺼지지 않는 님의 불꽃이 다시 타오릅니다.

* 만해 선생의 시 「님의 침묵」에서 인용함.

| 제3부 |

꽃 핀 날

한 송이 꽃이 피어났어요
한 자락 바람도 머물렀어요

얼마나 힘겹게 참고 견디며
얼마나 많은 날들 기다렸나요

온갖 애증도 미련도 떨쳐버린
아무 바랄 것 없는 홀로의 황홀

이제는 이별 때문에 아프지 않고
더는 그리움 때문에 밤새지도 않고

어쩌다 살며시 뿜내어 본 향기를
맴돌던 바람이 설마 눈치챘을까요

낙화가 두렵지 않은 바람꽃이 좋아요
흔적도 없이 떠나는 꽃바람도 좋아요

엄마 녹차

딸이 스님 되겠다고 집을 나선 날
어미는 차나무 몇 그루 눈물로 심고
그 뿌리처럼 깊은 신심이나 빌고 빌며
셀 수도 없는 봄이 아득히 지나도록
해마다 찻잎을 따 공양물로 보냈다면
절집의 달밤에 딱 제맛일 '엄마 녹차'
찻물 끓는 소리도 한결 높았겠지요

붙들 길 없어 떠나보낸 꽃빛 얼굴
눈에 밟히어 잠 못 이루는 마음이나
찻잔에 비친 여윈 얼굴 행여 사라질까
어데도 눈길 주지 못하는 마음이나
서로를 떨치지 못해 무던히 힘겹지만
그대로 매여있어 안심되기도 하는
서로에게 달그림자 같은 인연일까요

흐르는 것들

구름을 보라
강물을 보라
흐르는 것들은 서로 붙들지 않느니
헤어지니까 마음 아리고
아리니까 저토록 흔들리는가

구름이 간다
강물이 간다
흐르는 것들은 아예 자취마저 없느니
사라지니까 꿈결만 남고
꿈결이니까 사무치게 아름다운가

구름처럼, 강물처럼
흘러가는 세월 속에서
같이 머물고 싶은 꿈으로 흐르고 있는
인연을 보라
사랑을 보라

사이시옷

두 이름말을 합쳐
새로운 말을 만들 때
서로를 잇는,
그래서 새 말뜻으로
앞말이 뒷말을 고스란히 품게 되는
사이시옷.

나뭇가지, 시냇물, 어젯밤, 잔칫날, 고깃집, 쌈짓돈 ……

그러니까 거짓말은
하얀 것조차도 아예 말아라.
오해받을라.

AI 때문에

그러잖아도 아무리 기를 쓰고 매달린들
장탄식만 자아내는 높은 벽인데,
바로 그 바이런이나, 휘트먼이나, 소월보다도
더 인기 있는 시를 짓는다는 AI 때문에
오늘밤 필경 기가 죽고 마는가.
가난한 시인은 고작 별 하나를 노래하지만,
그는 온 하늘 뭇별들의 빛발을 엮어
삼라森羅처럼 베도 짜고,
만상萬象까지 수놓으며,
눈 깜짝할 새 눈이 현란하도록
무변무한의 시공을 능란히 노래하는가.

그러나 삼라만상의 신비를 이미 꿰뚫었다면
세상에 시 한 줄인들 무슨 소용 있으랴.
휘황한 빛을 뽐내는 그의 시편들은
제 빛에 가리워 어둠을 보지 못하고,
제 빛에 홀려 눈물도 잊었으리니,
저 높이 저 홀로 빛나는 신기루의 별이라면
어찌 감히 시로서 노래 부르랴.

고요한 밤의 한 자락 시공 속에 안긴 채
아직 별무리 총총한 지금이,
꿈결처럼 별빛 머무는 여기가,
그저 마음 겹게 좋은 시인으로 되돌아와
요행히 기를 펴고 다시 시를 짓느니.

하나뿐인 지기

등대여,

그대의 호호망망한 바다엔
바람과 파도소리 늘 지리하고
갈매기들만 무심히 끼룩거릴 뿐
지긋이 머물 곳이라곤 없구나.

해와 달과 온갖 별들이
하얀 물꽃 위를 번갈아 비추며
그대의 하늘을 밤낮으로 돌고 있어도
오히려 덧없는 나날이구나.

그 바다 그 하늘에 홀로 깃들여
종일 아무도 벗할 수 없는
그대의 오랜 등대지기는
어제보다 오늘이 더 외롭고
오늘보다 내일은 더욱 외로우리라.

그러나 낡은 등대여,

〉
제아무리 초문명의 세상이
그대를 비웃고 아예 등 돌린다 해도,
단 한 번이라도 여린 빛이나마
폭풍우 휘몰아치는 어둠 속에서
길 잃고 밤바다를 헤매는 낯선 배에게
한목숨의 길을 비쳐줄 수 있다면,
그 등대지기, 비록 외롭지만
이 세상에 아무도 부럽지 않은
그대의 하나뿐인 지기일리라.

제주 여행길에서

먼길
멈추고
머무르며
멍하고 싶구나
먼지가 바람에 날리듯
먹구름이 머금은 비를 쏟듯
멀쩡한 목숨도 순식간에 멎느니

먼나무가 듣고
멀뚱멀뚱

밤꽃 향기 로맨스

꿈꾸는 천년 고도의 늦은 봄날 오후
대왕릉 고분 속이 하도 답답했는지
연둣빛 신록 우거진 바람길 따라
빼게 무왕 내외 손잡고 마실 나왔네

용포나 관모 따위 벗어던지고
만조백관도, 삼천궁녀도 다 뿌리쳤으니
먼 옛날 서동과 선화공주 속삭임으로
용화산 언덕길을 사뿐히 걷네

가슴 뛰는 길은 동화처럼 이어져
뒤쫓던 나비들도, 다람쥐도 들떠 가는데
점점 달아오르는 열기를 시샘한 듯
갑자기 아무 기척도 없이 기습해온
날 선 바람결의 숨죽인 칼끝
단번에 온몸의 기운을 빼앗아버린
얼마나 치명적인 밤꽃 향기인가
아예 환각의 독성마저 품은
날카로운 향기에 베여 쓰러지는가

〉

산 아래 들녘에 봄빛은 이내 저물고
지나던 뻐꾹새가 아련한 꽃잠 깨우면
저녁 이슬 털고 일어난 몽환의 사랑
백골만 남은 자리로 되돌아가네

그림 밖 단오풍정 端午風情[*]

혜원 선생의 단오풍정을 펼치자
윤슬처럼 반짝이는 검은 머릿결
부끄럼도 비켜 흐르는 옥빛 꽃결
숨소리 줄이며 곁눈질로 보다가
숨어있던 동자승과 눈이 마주쳐
아까운 그림 슬며시 밀쳐놓는데
어디서 돌연 쑥국새가 우짖느니
그도 나를 훔쳐보고 있었던 걸까
쑥떡도 못 먹고 쑥 돼버린 단옷날

* 혜원 신윤복(蕙園 申潤福, 1758~1814)의 풍속도 화첩에 들어있는 그림 작품 중 하나임. 국보 제135호로 지정됨.

꽃집 앞에서

동네 골목에 있는 꽃집 앞을 오갈 때마다
꽃들의 밝은 웃음만 가득하고
정작 젊은 꽃집 주인부부에게서는
좀처럼 웃는 낯꽃을 보기 어렵다.
봄철 한때 겨우 며칠 반짝했다가
푹푹 찌는 폭염에 속절없이 늘어졌다가
무서리 내렸나 싶더니 내리 꽁꽁 얼어붙어
아예 꽃구경하는 발길조차 뜸해진 요즘,
매일같이 그 많은 꽃을 매만지는
그저 꽃이 좋아 시작한 신명 나던 그 일이
이젠 신물 나기도 하겠다. 저래 가지고
가게세, 물세, 전기세들은 어찌 감당하고
안 봐도 훤한 가난살이 쪼들려 어찌 견딜까.
장사라곤 쥐뿔도 모르면서
어제나 그제나 덩달아 걱정되는데,

마침 오늘 퇴근길에 꽃집 앞을 지나다가
할머니 손님 한 분이 안에서 꽃을 고르기에
내심 반가워 들어가 곁눈질하자니,

살가운 웃음 띠고 꽃값을 치르며 건네는 말
"꽃이 주인댁처럼 참 곱네요. 우수리는 안 받을 게요."
손님의 손에 들린 화분 속의 동백꽃도
환하게 따라 웃는다. 그때 스치듯이
여주인에게서 처음 본 웃음은
태산 같은 절망도 가뿐히 넘을 수 있는
아주 작은 희망의 한 꽃송이랄까.

기적의 비밀

조산아로 갓 태어난 쌍둥이가
인큐베이터 안에 따로 들어간 후로
한 아기의 목숨이 위독하여,
의사들은 온갖 처방 끝에 마지막으로
두 아기를 한 인큐베이터 안에 들여놓았는데,
놀랍게도 건강한 아기가 기다린 듯이
아픈 아기를 팔로 감싸 안은 뒤부터
그 아기도 점점 건강을 찾고,
마침내 두 아기는 함께 세상 밖으로 나와
훗날 모두 백의천사가 되었답니다.

인큐베이터 안에 든 두 아기의 사진 한 장,
서로들 카톡으로 여기저기 퍼 나르면서
영문 모를 기적이라고 수군대지만,
꺼져가는 심장을 고동치게 한 것이
가슴 열고 손길 내민 다른 심장의 고동임을,
서로 간절히 껴안은 가슴에게로
신이 기적의 손길로 응답했다는 것을
누구인들 모르겠습니까?

〉
문득 그 사진 앞에서 떠올린 상상인데,
쌍둥이로 태어난 우리 남과 북도
이 지구라는 거대한 인큐베이터 안에
서로 등을 맞대고 붙어있으니,
한쪽이 지지리도 못사는 가난뱅이고
문까지 꼭꼭 처닫고 사는 외톨이라면
그보다 수십 배나 더 잘사는 다른 쪽이
과연 어찌해야 되는 것인지를,
누구나 간절히 바라는 그 기적의 비밀을
누구인들 모를 수 있겠습니까?

건지산에 가면 그가 있다

마을에 붙은 텃산이랄까
밋밋하니 별로 솟지도 않아
산이랄 것도 없지만

가까워도 그윽이 깊고
낮아도 아늑히 품어주는
건지산에 가면

머무는 구름 아래 스치는 듯
스치는 바람 속에 머무는 듯
그가 있다

거친 세월 모진 풍상 견디고
한갓된 욕심 마저 비워
편안하고 자유로운
고목나무 같은

혼자도 외롭지 않고
어울려도 휩쓸리지 않는

항심으로 눌러앉은
너럭바위 같은

새들의 새벽 수다

부쩍 야윈 얼굴들과 어울리다가
처연한 봄빛 어린 진달래 되어
산기슭 낡은 집에 하늘하늘 돌아와
밤새 또 뒤척이고 난 신새벽

아직 어둑어둑한 집 뒤편 숲속에
가는귀의 새들이 일찌감치 모여
요란스레 수다를 떨기 시작하더니
평생 거침없이 날아오르던 하늘을
힘이 부쳐 지척도 날 수 없다고
날긴커녕 걷기조차 편치 않다고
어디 한 구석 성한 데라곤 없이
필경 낯설어진 몸뚱이 타령들인데
속정 깊은 딱새의 불쑥 한마디
"이제 우리 다 그럴 때이잖어"

일순 안두한 듯 모두 입을 나눈 채
새들은 푸석한 날개깃털 고르며
먼 동녘하늘 햇귀를 기다리건만
비몽사몽간에 진달래 꽃잎 진 자리

꽃보라

언제 필까 기다린 산벚꽃들이
하나둘씩 아쉽게 시들어 가고
언제 올까 손꼽은 우리 만남도
어느새 꿈결같이 아득해지네

하고 싶은 말처럼 수많은 꽃들
망울진 채로 마음 들쑤시더니
가슴속 그 한마디 끝내 못하고
어지러운 낙화에 봄날이 가네

사랑은 붙잡을 수 없는 그림자
그림자 쫓다 보면 아픈 그리움
내 마음 깊은 곳에 실바람 일어
그대에게로 향한 꽃보라 되네

오그르르

혼자 요염을 뽐내는 꽃들은 거의가
제 잘난 멋에 취해 사나흘 반짝하다가
아무도 모르는 새 사라지지만,
딱히 꽃이랄 것도 없는
고만고만한 때깔과 모양새로
오그르르 한데 모여
약속한 듯 어울려 피는 꽃들이
비바람을 오래 견디고
온갖 벌 나비도 부르며
바라보는 눈까지 즐겁게 한다.

오그르르 안에서는
혼자서만 햇빛을 탐하지 않고
서로에게 해그늘을 씌우지도 않는다.
오직 함께 있음에 내가 있다고
서로서로 고마울 따름이다.
그러고 보니 어렴풋이 알 듯도 한데,
우리 우리 하고 떠들어대면서도
우리들은 언제나 왜 뿔뿔이일까.

산수유 피는 까닭

봄기에 잠 못 드는 내 마음 눈치채고
밤하늘의 잔별들이 뜨락에 내려와
산수유 가지마다 샛노랗게 앉았어요
서산마루 너머 사라진 눈썹달까지
꽃가지 사이로 가물가물 비쳤어요

깊어가는 봄밤의 외로운 꽃나무엔
보면 볼수록 총총해지는 은하수처럼
하고픈 말들이 무성히도 맺혔어요
눈 감으면 가슴에 잔물지는 달빛처럼
벅찬 그리움으로 봉긋봉긋 피었어요

또 꽃이 피는데

못다 한 사랑이 화석처럼 박힌
애끊는 사부곡의 시집 속에도
병 깊은 아내를 요양원에 보내고
밤새 뒤척거리는 머리맡에도
먼저 떠나보낸 딸이 보고 싶어
하루가 멀게 찾아가는 산길에도
봄날은 바삐 서둘러 가고
꽃이 지는데, 우르르 꽃이 지는데

무상한 나날에 드리운 슬픔이
어쩌면 저다지도 무쌍할 수 있을까
마른 가슴 속에 흐르는 눈물이
왜 저토록 마를 새가 없을까
하필 더없이 고운 마음결만이
울다 울다 지쳐 쓰러지는 것일까
봄빛은 아직도 질기게 남아
꽃이 피는데, 다시 또 꽃이 피는데

안갯속 풍경

손바닥만 한 마음속도 모르는 판에
망망한 하늘 속을 어떻게 알고
맑은 날 흐린 날을 점칠 것인가.
더구나 온갖 풍운 서린 삼천리 땅은
말이 좋아 활기차고 역동적이지
변덕이 죽 끓듯 하는 날씨 탓에
모두들 얼마나 죽을맛이던가.

하늘의 날씨를 지나 봐야 안다면
인생의 맑고 흐림도 결국은
진득이 살아 봐야 알 수 있을 터,
당장 한 치 앞도 안 보이는 하루하루를
이 땅에 살고 있는 그대, 막막한 삶이여.
긴 밤 뒤척이며 꼬박 지새우고도
막힌 가슴 못내 답답하거들랑
물안개 낀 새벽 들녘에 서 보시라.

어디가 강이고 어디가 산인지
아련히 나타났다 가뭇없게 사라지는

보일 듯 말 듯 한 안갯속 풍경이 안 좋은가.
알 듯 말 듯 한 세상사라서
오히려 때로는 살맛나지 않겠는가.

비 온 뒤 폭포

비 온 뒤 폭포에 서면 좀 씻어질까
멍울진 속울음을 끌어안고 갔다
한마음은 한길로 통하는 이치라면
물기둥 앞에 모인 환호성들도 저마다
그렁그렁한 눈물을 감추고 있는 길
폭포는 먼발치로 애틋이 바라보리라
그러다 쏟아지는 마음 어찌지 못해
기꺼이 소리 내어 대신 울어주다가
우레 치는 서슬로 온갖 슬픔 내쫓으리라
한 생각으로 한달음에 이르렀더니

짧은 여름날 낮곁의 폭포는 벌써
장례를 치르고 난 평온한 곡비哭婢처럼
언제 그랬냐는 듯 울음을 그친 뒤였다
물기둥이 사라진 아찔한 절벽에는
필사적으로 몸을 붙인 초목들만 버젓이
햇볕에 젖은 잎을 말리고 있는데
망연히 홀로 머물다가 주눅든 채로
타박타박 돌아가는 나의 슬픔은

야성野性의 땅

싸드락싸드락* 산길을 걷다가
젖 먹던 심으로 마지막 깔끄막*을 올라
모악산 산날망*에 서면
뺑 둘러 징허게* 너른 초야의 땅에
야성이 보인다네.

이날 이때껏 심있는* 양반들에게 밀려나
들러리로, 곁다리로 줄창 살아왔지만
오직 만경뜰과 그 안의 강들로 주인을 삼어
우직허니 지 자리를 지켜온 목숨붙이들,

높이 우러러보는 하늘 아래
뼈빠지게 일혀야 먹고사는 법이라고 믿고
하루 점드락* 땅 파고 포도시* 밥 세끼 먹음서도
그날그날이 고마울 뿐인 무지랭이들,

들을수록 새록새록 정이 붙는 말씨맨치로*
맘씨 하나 부드럽기는 영락없이 비단결 같은
그 어질고 착한 생애들이

타고난 대로 곧이곧대로
야성으로 산다네.

* 카레대로 '처처히', '비탈진 곳', '산마루', '지독하게', '힘있는', '종일', '겨우', '말씨처럼'을 뜻하는 전북지방 방언임.

그 섬에 가다

가을햇살 품에 안은 검은 바윗돌
물새 떼 짝지어 노는 하얀 모래밭
홀로 지친 외로움을 부추기듯이
파도소리 높아가는 그때 그 자리

달무리 속으로 피어나는 이야기꽃
바람결에 아슴히 들려오는 풋향기
외딴 섬의 가을밤이 이슥하도록
객창에 잠 못 이루는 그리움 하나

미륵사지 다녀온 날

허공만 보고 왔다.
무욕 해탈을 기도하는 곳, 그러나
절집을 가득 채웠을 그 많은 불당과 불상과 불탑도
연못 위에 비쳤을 그들의 그림자까지도
더 갖고 더 누리고 싶은 욕심의 허상일 뿐,
그 욕심을 비워낸 마음속에 비로소 깃든다는
더 바랄 것 없는 넉넉함을,
눈앞에 아무것도 보이지 않는
광활한 허공이 비쳐주었다.

바람만 맞고 왔다.
모든 인연을 끊어내는 곳, 그러나
종일 퍼졌을 그 많은 종소리, 목탁소리, 염불소리도
미륵산에 울렸을 그들의 메아리까지도
더 붙들지 못하여 몸부림치는 집착일 뿐,
그 집착을 내려놓은 발길로만 닿게 된다는
더 거칠 것 없는 자유로움을,
깊은 정적 속으로 홀로 떠나는
고독한 바람이 보여주었다.

바람은 바람둥이

여수 오동도를 지나면서
잠잠하던 동백나무 숲속에
수줍은 꽃망울들
콩닥콩닥 들쑤셔놓고

거제 앞바다 지심도에선
동박새 떼 부추겨 쫓아 오르며
뭉게구름처럼 부풀어
함께 가슴 터질 듯

한려수도 바람길 닿는 곳마다
하늘하늘하는 하얀 물꽃들
숫저운 봄 바다도 기어이
바람나고 말았으니

바람은 바람둥이

| 제4부 |

낙목落木

아리따운 꽃들의 황홀경도
한철 우거진 녹음의 기세도
까맣게 다 잊은 지 오래고
마지막 남은 잎새들의 집착마저
모질도록 떨쳐버린 늙은 나무
비로소 열린 하늘을 여백 삼아
낙목만을 평생 고집스레 그려온
노화가의 가난한 화폭 속에
솔바람 한 점 살포시 불어와
마른 나뭇가지를 어루만지면
가지처럼 떨리는 손끝이 감응하듯
정녕 바람의 애잔한 마음까지
혼신의 힘으로 담아내는가

겨울강에서

망망한 하늘 아래 허허들판 지나
빈 골짜기에 찬 바람뿐인 설산들,
그리다 만 풍경화의 무채색처럼
아무 눈길도 끌지 못하는,

강가에 죽은 듯이 서 있는
깡마른 고목들과 시든 갈대숲,
박제된 생명의 무감각처럼
일부러 눈길 한번 주지 않는,

어제도 밤을 새운 너의 겨울은
저토록 시리다 못해 아렸겠지만,

미동도 않는 얼음장 밑으로
도도한 강물은 쉼 없이 흐르고,
겨우내 응달진 언덕에도
어느샌가 잔설이 녹고
맹독한 바람소리 마저 잦아들 테니,
〉

네 마음의 외로운 적막
달랠 길 없어 안타깝다만,
언 강이 풀리는 소리가 들리지 않느냐.
강둑을 흔드는 기지개 소리 안 들리느냐.

돼지 잡는 날

시방 영호네 집이서 되야지 잡고 있웅게
괴기 필요한 냥반들 싸게 가보시랑게요
집집이 갈걷이하고 김장까지 마친 신흥리
이장님 육성이 미루나무에 높이 걸리자

영호네 되야지 올여름에 더우먹었다도만
괴기 맛이 어쩔랑가, 노눌 거나 있을랑가
출출한 소리들이 고샅길 따라 모여들어
금세 마당 한가운데 빙 둘러앉은 웃음판

되야지수육은 쑹덩쑹덩 썰어야 지맛 아녀
곰삭은 새오젓에 햇짐장짐치, 군침 돌잖어
술동이째 나온 막걸리로 목부터 축이고
모처럼 야들야들한 살맛에 입 호강 하면

오늘밤에는 그 냥반들 심깨나 쓰것고만요

착란식着卵式

한 직장에서 붙어 지내며 내색은 안 해도
자식 하나 점지 받기를 애타게 기다려오던
숫기라곤 없는 사람 좋은 동료로부터
어느 날 싱글벙글하는 희소식을 듣고 나서
다른 직원들 불러 모아 그 소식을 전하며
저녁때 오붓하게 '착란식'이나 하자 했더니
모두들 어리둥절해하기에 자네가 그랬다고
붙을 착, 알 란, 그걸 몰러?

알이 탯자리에 붙어 태어났다면
착란은 필시 우리 생명의 시원始原이고말고
알에서 태어나 위대한 나라를 세운
주몽이고, 혁거세고, 수로왕이 따로 없을 터
못지않게 신비로운 우리 몸에도
저마다의 타고난 신화가 깃들었으려니
시방 누란累卵의 위기 속에 풀 죽은 자네여
찬란하게 빛나는 신화의 주인공답게
어깨 펴고 당당히 걸어가 보더라고
착란이고 자시고 간에
어차피 한번 사는 인생, 아니여?

꽃게 사러 갔다가

어슬녘 아내 따라 찾아간 시장 어물전에
파장이 다 되도록 고스란히 남아
주인아낙의 애물이 된 듯한
거의 한물간 가을 암께 몇 마리
모로 걷는 주제에 얼마나 탐하겠다고
열 개씩이나 발은 뻗친 것이며
우직스럽게도 무거운 그 몸집으로
난바다 속을 어찌 떠돌았느뇨
하필 보름밤 한사리 때 집밖을 나섰다가
출렁거리는 파도 위로 비친
휘영청 달빛에 그만 넋이 달아나
어느 부지런한 어부의 낚시에 걸리고 만
애통한 사연이나 들어보라는 듯
큰 대야 속에 널브러진 채
흰 물거품만 나른히 내뿜고 있느니
영락없는 그 모양 그 꼴로
시장 앞 지하도 바닥에 웅크린 백발 노파
그 남루 곁을 태연스레 막 지나오고도
껍질 벗어가며 아등바등 키워냈을

야린 속살 맛이 자꾸만 망설여지는
나의 연민憐憫은

내 친구

자네는 한사코 손사래를 쳤지만
가슴 아린 이들 떠나보낸 뒤
오죽 마음이 힘들었을까 싶어
애잔한 생각 떨칠 수 없었지
별일 없느냐고 거듭 묻는 말에도
실없는 실웃음만 어색하더니
어차피 붙들 수 없는 인연이라면
차라리 홀로 뜬구름이고 싶다고
스치는 눈이슬이 대답하는 것일까
공연스레 위로를 건넨답시고
이별은 단지 사랑의 끝이 아니라
더욱 간절한 사랑의 시작이라는
아픈 빈말을 겨우 속으로 삼켰네만
되돌아서는 푸석푸석한 낯빛이
왠지 맘에 걸려 다시 돌려세우니
기다린 듯 자네가 먼저 말했지
아무리 시흥을 돋우는데 좋아도
약주 좀 삼가야 안 쓰겠는가?

바람타령

그저 꽃바람이 좋아 따라나선 길에
한 그림자 뒤로 바람만바람만 쫓다가
바람 맞고 설렌 가슴 멍들고 나서
차라리 무심해진 실바람 같은 님아
꽃향기 아리다고 바람난 마음에도
언제든 첫사랑은 댓바람에 오겠지만
바람이 향하는 길 아무도 모르는데
더 모를 것이 마음속 바람길이라네
바람 부는 대로 살아야 할 까닭이라네

평생지기

벗이나 친구라면 왠지 덤덤하고
절친이나 지음知音은 너무 거창해 보여
그냥 지기知己라고 부르기로 했지

타고난 몸집 판이한 것은 관두고라도
서로 지지 않는 성깔로 부딪치면서
오늘은 낮술까지 두어 잔 함께 걸친 듯
아예 바짝 붙어 강변길을 걸어가는데
여전히 주고받는 말끝이 치오르며
물소리가 좋느니, 바람소리가 더 좋느니
세상 참 많이 달라졌다느니
세상 이치 예나 제나 똑같다느니
뒤따르는 그림자들도 조마조마한 동행

그래도 똑같이 손사래치겠지만
요즘 들어 부쩍 걸음걸이 느려진 것도
지친 옆걸음 눈치채고 먼저 쉬어가자는 것도
물가의 외로운 백로에 한참 눈길 주는가 하면
상큼한 바람 맞으며 잔잔히 노래하는 것도

어지간히 닮아버린 동행

그러고 보니 살아가면서 가장 두려운 것이
외로움이고, 외로움을 피하기 위한 것이
살아가는 일의 태반일진대
서로의 빛과 그늘을 속속들이 아는 터수라서
함께 있음에 늘 외롭지 않았던
서로에게 한량없이 고마운 한생이라면
그렇지, 분명 지기들의 동행이겠지

강물 따라 걸어가는 두 어깨 위로도
황혼빛 드리워 어둠의 고요도 이내 찾을 것이나
쉬이 헤어질 줄 모르는 서로의 가슴에는
그동안 베푼 공덕이 쌓이고 쌓여
기어이 불생불멸의 인연을 이루고 말 테니
멀어져가는 뒷모습이 아름다운 지기여
이 세상에 다시없는 평생지기여

시월이 오면

시월이 오면 두 손 모으게 하소서
수해樹海를 이룬 숲속을 거닐다가
마음의 온갖 서정들이 썰물이 되면
부디 간절한 기도만 남게 하소서

무량한 일월성신 빛발 속에 깃들여
마음껏 자라난 짙푸른 잎새들처럼
넘치도록 받고 누려온 사랑이라면
더 바라는 기도는 부끄럽게 하소서

나무들마다 삽상한 바람결에 안기어
여름내 키운 상처들을 씻고 있는데
까짓 미움 한 가닥 못 버린 가슴으론
어떤 구원도 기도할 수 없게 하소서

메마른 응달쪽에 온종일 떨고 있는
비틀리고 옹이진 나무줄기 비켜서서
더불어 살자 했던 속다짐 잊었거든
참회의 기도 따위 그만두게 하소서

〉
시월이 오면 차라리 침묵하게 하소서
기꺼이 멈추고 떠나야 할 때를 알고
제 본색本色으로 서서히 물들어가는
숲의 고요 속에 그냥 무릎 꿇게 하소서

포옹

지진으로 무너져 내린 건물 잔해더미 속에
안간힘으로 온몸을 웅크린 채
한 여인이 숨을 거두고
더 단단하고 더 부드러울 수 없는
그 몸뚱이의 품 안에서
탯줄도 안 끊긴 아기가 울고 있었다

한목숨을 고스란히 주고받은
저, 거룩한 포옹

산사에 머물다

굽깊은 고요 속 외로운 산사에
골바람 따라 스쳐가는 낯선 발길도
마음 머무르면 곧 귀한 인연이라고,
먼뎃산의 능선 하나 어깨에 얹고
언젠가 먼 기억의 저편에서
한 번쯤 본 듯도 한 얼굴로
마주 앉은 샛별눈 스님,
고운 꽃향기 담은 찻잔 내밀고
물소리, 바람소릴 들으랬지요.
은은한 차향이 우러나거든
그 향취마저 들으랬지요.

서산마루에 염주빛 노을이 걸리고
정적을 깨운 풍경소리 따라 일어나
불이문 앞까지 배웅하면서,
사바와 피안이 바로 둘이 아닌
마음의 평화를 축원해주는
어쩌면 기약 없는 어느 훗날에
다시 또 만날 듯싶은 스님,

잠시라도 서로 눈부처 된 우리는
이미 길 없는 길을 가는 동행일까요.
만남도, 헤어짐도 따로 없는
뜬구름 같은 인연일까요.

사랑의 진수眞髓

아무리 아파도 흔들리지 않는
걸음을 보았습니다.
하염없이 흘러도 눈물이 젖지 않는
마음까지 보았습니다.

고운 딸에게 사랑의 짝을 맺어주는 날,
숨가쁜 고갯길도 가뿐히 넘던
당찬 걸음 앗아간 병마를 쫓고,
혼례청에 촛불을 밝히기 위해
고작 십 미터쯤의 꽃길을
아득한 십 리쯤으로 걸어가는,
지팡이 든 부인의 가슴 절절한 행진을
숨죽이며 지켜보았습니다.

아무나 아무렇지 않게 지나가지만
기면 길수록 벌어지는 그 꽃길을
아픔과 눈물을 곱씹으면서
걷고 또 걸어가, 마침내
붉은 꽃잎 뿌려진 성단聖壇 위에

찬란한 축복의 불꽃을 피운 그 찰나에,
오래 참고 모든 것을 견디어내는
사랑의 진수를 보았습니다.

다듬이 소리

아득히 들려오는 다듬이 소리
스러질 듯 스러질 듯하면서도
동지섣달 빈 들녘의 달빛처럼
밤 깊도록 이어지는 잔가락에
가만히 눈 감고 두 손 모으면
꿈결 같은 아련한 정적 속에서
지금도 내 영혼을 다독거리듯
여여如如한 그 모습 그 마음으로
다듬이질하시는 우리 어머니

장독대 사랑

옹기종기한 항아리들 속에
평생을 참고 기다린
당신의 그 시간을 따라
해묵은 장들이 익어가지요

정안수 한 그릇 떠 놓고
칠성님 앞에 두 손 모은
당신의 그 자리 위로
영롱한 별빛들이 내려앉고요

아스라한 고향집 장독대엔
주어도 주어도 모자라던
당신의 그 단심 어린 사랑이
소쩍새 울면 모란꽃으로 피고
천둥이 울면 봉숭아꽃으로 피어
내 마음 언제나 변함없이
붉은 각인처럼 꽃물 들까요

어머니 생각

한낮에 뻐꾹새 울면
살가운 얼굴 보고 싶고
깊은 밤 부엉새 울면
아늑한 품에 들고 싶고

아무리 돌이켜 봐도
가물가물한 그 얼굴
꿈에서나마 스칠까
아득아득한 그 품속

뻐꾹새 목쉬어 울고
부엉새 흐느껴 울고
밤낮없이 그립다가
끝내 따라 눈물짓는

그대 기다림

나는 산새
그대는 산마루의 큰 나무

바람잔 하늘을 띠도는 산새 찾아간 곳은
찾아가 깃 들이고 억센 바람 피할 곳은
산마루에 서있는 큰 나무의 둥지

나는 돛단배
그대는 한바다의 작은 섬

거센 파도를 헤치는 돛단배 머무를 곳은
머물며 먼 바닷길 느긋이 쉬어갈 곳은
한바다에 반기는 작은 섬의 포구

나는 나그네
그대는 한생의 긴 기다림

거친 세상을 헤매는 나그네 돌아갈 곳은
돌아가 안겨 지친 영혼 자유롭게 할 곳은
한결같은 제자리의 그대 기다림

시인 말고 신

귀엽기만 하던 우리 막내 여동생
남매를 키워 각기 짝지어 주고
양쪽에서 모두 쌍둥이 손주 얻어
요즘 입꼬리를 귀에 걸고 산다네
반가운 마음에 축시나 선물하려고
애라도 낳는 양 끙끙댄 지 여러 날
있는 재주 없는 재주 다 부려 봐도
하나, 둘, 셋, 넷이나 되는 생명의
신께서 점지해준 새 생명의 탄생을
고작 시 몇 줄로 축복할 순 없어
그 초롱초롱한 눈동자들 앞에서
그냥 환하게 두 손 모을 뿐이라네
시인 흉내 내긴 힘겹고 괴로우나
시인 말고 신을 경배하는 일이란

그나마 다행

마흔 고개를 훌쩍 넘고도
맨날 누에섶 위의 고치처럼
책상 앞에 붙박인 딸애를 데리고
두물머리로 앞장섰더니,
연꽃은 아직도 필 생각을 않고
장마가 덜 걷힌 호수 위엔
먹구름 그림자만 무심할 뿐,
그래도 마음이 한결 산뜻하다고
발걸음 마냥 가벼운 딸애야,
이왕 모처럼 나선 길인데
명주바람이나 한 자락 스친다면
그나마도 다행이겠다.

화분을 옮기다가

마당에 떨고 있는 동백 화분들을
현관 안으로 끙끙 옮겨놓다가
삐끗 놀란 허릴 붙들고 일어서면서
엄동에 꽃이 핀들 무슨 호사라고
이 생고생을 사서 하는 것일까
푸념 소리 스스로 민망한데
주방에 밥하다 말고 한참을 서 있던
아내가 건네준 전화기 속에는
기꺼이 또 생고생을 마다않으신
희수가 다 된 외톨박이 시골 누이의
아무 이유 없이 좋아하는 마음이
바리바리 빼곡히도 담겨있구나

쇠머리찰떡하고봄똥것저리하고
홍어회무친것좀보냇응게먹어봐
재희*사진새거업서보고시퍼죽것고만

* 손녀아이의 이름.

성묫길에서

한가위 성묘 갔다 오는 길
고즈넉한 산골 산시山柿 마을에는
집 울안 나무도, 정자목도, 가로수까지도
모두들 주렁주렁 탐스럽게
연붉은 단심丹心

낯선 마을 삼거리에 차를 세우고
온갖 풍상에 물든 채로 서 있는
고단한 연륜의 한 노목 곁에 다가가
주름살 패인 듯 거칠거칠한 줄기
사시랑이 손발처럼 앙상한 가지
제 살마저 내어준 벌레 먹은 잎들
눈길 닿는 곳마다 안쓰러운데
하필 마른 삭정이를 붙든 거미줄엔
무서리 내리면 알 낳자마자 죽는다는
무당거미의 숨죽인 정지靜止

먼 하늘가로 기러기 떼 훨훨 날아가고

그 허허한 날갯짓의 궤적을 따라
세월도 가고, 사랑도 가고
이내 그렁그렁 마음 젖어 바라보는
잇몸뿐이어도 농익은 단맛이 좋을
감, 감, 감

괜찮아

어지간히 많은 날들을 살아오는 동안
이리 부딪고 저리 부딪혀 넘어지면서도
늘 우러르는 밤하늘의 뭇별들이
서로 부딪지 않고 길을 가는 한
나의 길도 괜찮겠지, 마음 다잡고
스스로 미덥지 못한 몸을 일으키었다
꼭 그 때문일까마는

멀고 먼 길 지치도록 돌고 돌아
외만 하늘가의 새벽별처럼 외로울 쯤에
고맙게 얻은 손주를 애지중지 돌보며
시도 때도 없이 아이가 갑자기
아프거나, 다치거나, 무섭다고 울 때마다
고작 아이를 품에 껴안고 하는 말
괜찮아, 괜찮아, 괜찮아
아무 힘도 없고 아무것도 모르면서
철석같이 믿는 구석 하나 기댈 뿐이다
살아갈수록 뜬구름 같지만
하늘의 섭리라는 것

〉
훗날 기약 없이 별나라로 떠난 뒤에도
아이가 눈감으면 옛 모습으로 다시 나타나
나는 맨 그 소리일 것이다
주저앉아도, 괜찮아
눈물 쏟아도, 괜찮아
분노하여도, 괜찮아
여전히 그 하늘의 섭리만 믿고

격세유전隔世遺傳

신이 내린 화가가 그려낸 듯한
곱상한 얼굴의 윤곽선하며
천상의 선녀가 따로 없는
비단결처럼 착한 마음씨하며
연잎에 빗방울 또록록 튀듯
종알거리는 말들의 영특함이란
어느 것 하나 닮은 데라고는
눈 씻고 봐도 찾을 수 없더니
우연히 눈에 띈 팔등의 왕점 하나
손주와 내 팔등을 번갈아 보며
신기하고 반가워 어쩔 줄 모르는
세상 이치 하나도 그르지 않은
이게 바로 격세유전이로다

눈물꽃

집에 놀러온 여섯 살배기 손녀애가
석양이 되어 제 아파트로 돌아가려고
대문 밖을 막 나서다 말고 갑자기
꽃밭에 난 애플민트를 몇 잎 따 들더니
제 엄마에게 갖다 줄 것이란다
엄마가 애플민트 차를 좋아한단다

아이가 떠난 뒤로 저녁놀에 물드는
꽃밭 주위를 하릴없이 서성이다가
마음속에 잔물지는 옛 추억이 그리워
붉은 꽃잎 따 갖고 방안으로 들어가
빛바랜 사진 아래에 내려놓았다
돌아갈 수 없는 길에 떨어진 눈물꽃일까

자연의 느낌?

유치원 다니는 손주 꼬막손을 잡고
꼬박 한나절을 차로 달려 찾아간
강원도 깊은 산속 골짜기 야영장에서
함께 가족 텐트를 치다 말고
"시냇가라 밤에 물소리가 시끄럽겠네"
내 걱정소릴 듣자마자 아이가 대뜸
"그러니까 자연의 느낌이 더 나잖아요"

옳거니, 산골짜기를 흐르는 물소리는
걱정 많은 귀에나 시끄러운 게지
큰 강과 넓은 바다를 찾아 떠나는
설레는 노랫소리 아니겠는가
시방 크고 넓은 세상을 꿈꾸고 있는
한껏 부풀어 오른 천진무구의 마음도
저 골짜기 시냇물과 같으려니
놀란 눈으로 네 마음 바라볼수록
아무렴, 자연의 느낌이 더 나고말고

슬리퍼 두 켤레

오종종한 욕실 안에 슬리퍼 두 켤레
빛도 바랜데다 물때까지 낀 것과
고운 때깔로 윤기 나는 앙증스러운 것이
종일 나란히 붙어있는데

갑자기 목욕하기 싫다고 울며 떼쓰더니
언제 그랬냐는 듯 물 끼얹고 깔깔대다가
묻지도 않았는데 또랑또랑 건네는 말
이 세상에서 할머니가 제일 좋다는

벌써 수십 번도 넘게 들은 고백인 걸
어찌 해서 눈시울까지 뜨거워지는지
어느새 성큼 자란 몸 뽀송뽀송 닦아주고
아이고 내 새끼야 얼른 품에 안을 뿐

다시 조용해진 빈 욕실 구석에는
어둠을 타고 와락 꿀잠이 쏟아져 내린
꼬마 슬리퍼가 큰 슬리퍼에 아예 업힌 채
이젠 꿈조차 같이 꾸겠다

읽는 이에게 부치는 글
시와 사랑의 강물, 그 유장함이여!
김용균

    오늘날 AI가 사람들의 머리와 손발을 대신하면서 점점 그 활동 범위를 넓히고 기량도 높여가고 있습니다. 사람이 만들어낸 인공지능이 사람의 지능보다 우월한 성과물을 만들어내는 혁명적인 장면은 이제 그리 놀랄 일도 아닙니다. 시의 영역에서도 예외가 아닌 듯합니다. 지난해 말에 셰익스피어나 바이런, 휘트먼, 에밀리 디킨슨 같은 유명 시인들이 쓴 시보다 그들의 시 작법을 학습한 인공지능이 지은 시가 일반 독자들로부터 더 좋은 평가를 받은 미국 피츠버그 대학 연구진의 실험 결과가 학계에 발표되었다는 언론 기사를 읽은 적이 있습니다. 그 연구진은 인공지능이 생성한 시가 유명 시인들의 시보다 더 직관적이고 이해하기 쉽기 때문에 실험 참가자들이 인공지능의 시를 더 선호한 것으로 추정했다고 합니다.

    예나 지금이나 현대시의 난해성難解性이 자주 거론됩니다. 원래 시는 함축적이고 추상적인 언어를 잘 사용하고,

직유, 은유, 상징 등의 비유적인 표현이나 압축하고 생략하는 표현을 많이 구사하기 때문에, 그리고 시에 대한 해석을 독자에게 맡기는 차원에서 모호성, 다의성, 복잡성을 띠기 때문에, 다른 장르의 문학이나 예술작품보다도 본질적으로 이해하기가 어려울 수밖에 없습니다. 그래도 시가 이해하기 어려우면 어려울수록 독자는 시에서 멀어지기 마련입니다. 독자가 없는 시는 상상조차 할 수 없습니다. 제가 시를 가급적 쉽게 쓰려고 하는 이유입니다만, 쉬운 시라고 어디 쉽게 써질 리 있겠습니까?

시가 이해하기 쉽다고 하여 독자의 마음을 쉽게 끄는 것도 아닐 것입니다. 시의 생명력은 다름 아닌 감동성感動性에 있다고 생각합니다. 마음에 울림을 주고 감동을 불러일으킬 수 있는 시라야 독자로부터 호감을 사고 공감을 얻을 수 있을 것입니다. 그런 시의 감동성은 과연 어디서 우러나올까요? 저는 아직도 시를 잘 알지 못하고 본격적으로 시론을 연구해 본 사람도 아니라서 감히 언급할 주제가 아니지만, 비록 일천하나마 그동안 시작을 꾸준히 해 온 경험에 의하면, 시재로 삼는 대상에 대한 애정 어린 관찰觀察과 그 대상에 자기를 비추어 보는 성찰省察이 시의 감동성을 이루는 것이라고 봅니다. 관찰도, 성찰도 각자의 시선으로 살피는 일이겠으나, 관찰이 타자를 향한 시선이라면 성찰은 자신을 향한 시선이라 하겠습니다. 그런 관찰과 성찰을 통해 얻어지는 웅숭깊은 시가 독자의 마음에 울림이 있고 잔잔한 감동을 줄 수 있지 않을까 싶습니다.

생전에 무려 2,500여 편의 시를 남긴 다산 정약용 선생은 중국『시경詩經』을 새롭게 해석하면서 "시는 간림諫林이다"라고 말씀하셨습니다. 백성의 고통을 공감하고 사회의 부조리와 불의를 고발하는, 바로 '간諫하는' 시가 시다운 시라는 취지일 것입니다. 그에 빗대어 말한다면, 제가 지향하는 시는 관찰과 성찰로써 '살피는(察) 숲'이란 뜻에서 '찰림察林'이라고 부를 수 있을까요.

그동안 본업인 변호사 일을 해오면서 취미 삼아 틈틈이 시를 쓰고 또 버리기 아까워 시집으로 묶어 내다가, 이번에 신작시 94편을 엮어 다섯 번째 시집『경계를 경계하다』를 내게 되었습니다. 시 쓰기는 정말 하면 할수록 더 어려워지는 것 같습니다. 그래도 이번 시집에서는 좀 더 이해하기 쉽고 어떻게든 독자의 마음에 울림이 있는 시를 쓰고 싶었고, 그것을 위해 여러 다양한 시재들을 놓고 제 나름의 관찰과 성찰의 작업을 계속했습니다. 그것들이 얼마나 주효할지는 모르겠으나, 조금이라도 더 주효할 수 있도록 독자들의 이해를 돕기 위하여 이번 시집으로 꾸민 '찰림' 중에서 몇 편의 졸시를 골라 그 시작 과정을 더듬어보고자 합니다.

    인동초는 걸리는 것마다

시곗바늘 쪽으로 감고 오른다
모진 가뭄에도, 비바람 몰아쳐도
언제나 그 방향이다
평생 길을 바꾸지 않으니
스스로 존엄할 뿐

칡은 왼쪽으로
등나무는 오른쪽으로
모두 한쪽으로만 뻗쳐 나간다
해그늘에서도, 벼랑에 붙어서도
어디서나 그 방향이다
그래서 한데 심으면 얽히고설켜
비록 갈등하긴 하지만
가는 길 바뀔 리 없으니
서로를 존중할 밖에

시류 따라, 이해 따라
사람들만 쉬이 길을 바꾼다
언제 어디서나
한결같아야 존귀하다는 것을
모르는지, 모르는 척하는지

—시 「한결같아야 존귀하다」 전문

시를 쓰기 위한 작업은 시적 대상에 대한 세심한 관찰에서 비롯됩니다. 관찰을 통해 대상을 온전히 이해하는 일입니다. 그러기 위해서는 시재로 삼는 대상을, 가까이서 또는 적당한 거리를 두고, 오래오래 차분히 바라보아야 함은 물론입니다. 단지 육안肉眼만이 아니고 고요한 마음의 눈, 심안心眼으로도 보아야 합니다. 정관靜觀이라고 할까요, 관조觀照라고 할까요.

지난 초여름 저희 집 울안에 새로 심은 인동초가 하늘로 덩굴줄기를 거침없이 뻗쳐오르더니 드디어 하얀빛, 분홍빛이 어우러진 고운 꽃들을 무더기로 피워냈습니다. 그런데 자세히 들여다보니 줄기의 뻗는 방향이 모두 시곗바늘 방향이었습니다. 인동초뿐만이 아니라, '갈등葛藤'이란 말의 유래가 된 칡과 등나무도 각기 좌우 한 방향으로만 줄기를 내뻗습니다. 언제 어디서나 한결같이 똑같은 방향의 길입니다. 그렇게 '평생 길을 바꾸지 않'는다는 한결같음을 믿기 때문에 그 초목들은 '스스로 존엄'하고 또 '서로를 존중'하지 않을까 싶습니다. 이런 관찰이 계기가 되어, 이번 시집의 맨 앞장에 수록된 시 '한결같아야 존귀하다'를 쓰게 되었습니다.

    그네들이 저마다 제 이름을 갖듯이
    제집을 갖는 것도 자유라면 그렇다 치고
    그런 자유를 누리고 사는 축에 들었으니
    스스로 운이 좋은 초로의 집을 골라
    그 안뜰 주목나무의 잎가지 속에
    며칠간의 역사 끝에 세운 단칸 초옥
    금 긋고 경계 짓는데 이골 난 그들이야

등기만 하면 영원한 내 것이라 뻐기지만
잠시 깃을 들이고 머무는 곳일 뿐
추호도 내 것이 아닌 둥지 하나

오늘 아침 그 둥지를 발견한 집주인이
제집을 또 침입했다고 푸념하기에
댓바람에 푸드득 깃을 쳐 올라
턱없는 착각과 오만을 질겁하게 했느니
입은 삐뚤어졌어도 말은 바로 하랬다고
애초에 거칠 것 없이 훨훨 나다닌 누리인데
누가 누구에게 빌붙은 것이더냐
멀쩡한 누리를 제멋대로 나눠놓은
그딴 경계는 단지 그들만의 것일 뿐
경계 모르고 사는 자유를 어찌 알겠느냐

—시 「경계를 경계하다」 전문

　시 쓰기의 다음 작업은 성찰로 이어집니다. 시의 대상을 관찰하면서 얻은 느낌이나 생각을 바탕으로 시적인 사유를 확장하여 자신의 삶을 살피고 반성하는 과정이라고 할 것입니다. 이런 내밀하고 치열한 사유와 성찰을 거쳐 비로소 감동을 주는 시가 탄생하게 되겠지만, 무언가 깨달음을 갈망하는 시인에게는 여간 힘든 고통의 시간이 아닐 수 없습니다. 그런데 올 듯 말 듯 애태우는 그 성찰의 깨달음이 때로는 대상과 자신의 처지를 바꾸어 생각해보는 역지사지 易地思之를 통해 뜻밖의 선물처럼 찾아오기도 합니다.

올해도 집 안방의 창문 바로 앞에 서 있는 키 큰 주목나무의 잎가지 속에 봄새 한 쌍이 둥지를 틀었습니다. 그 둥지를 발견하고 내 집에 또 몰래 침입했다고 푸념하는 저를 향해 새 한 마리가 달려들 듯이 깃을 쳐 올랐습니다. 질겁하고 놀란 가슴을 쓸어내린 뒤 문득 새들의 처지가 되어 역지사지로 생각해보면서, 이번 시집의 표제시로 삼은 '경계를 경계하다'를 짓게 되었습니다. 새들이 '집주인'이라고 '뻐기'는 저에게 이렇게 핀잔을 줍니다. '누가 누구에게 빌붙은 것이더냐', '금 긋고 경계 짓는 데 이골난' 당신이 '경계 모르고 사는' 우리의 거칠 것 없는 '자유를 어찌 알겠느냐'라고. 그러니까 새들로부터 경계境界짓기를 경계警戒하는 마음으로 살라는 깨달음을 선물받았다고 할까요. 내친김에 짧은 시 한 수만 더 읽어보겠습니다.

　두 이름말을 합쳐
　새로운 말을 만들 때 서로를 잇는,
　그래서 새 말뜻으로
　앞말이 뒷말을 고스란히 품게 되는
　시이시옷.

　나뭇가지, 시냇물, 어젯밤, 잔칫날, 고깃집, 쌈짓돈……

　그러니까 거짓말은
　하얀 것조차도 아예 말아라.

오해받을라.

—시 「사이시옷」 전문

시 쓰기는 눈에 보이든, 보이지 않든, 삶 속에서 마주치는 모든 존재물을 대상으로 삼습니다. 실체가 없는 감정, 감각, 정신, 마음 등과 같은 추상적인 것, 상상 속의 것들도 얼마든지 시의 대상이 될 수 있습니다. 위 시 '사이시옷'은 단어와 단어를 잇는 'ㅅ'이 '새 말뜻으로 앞말이 뒷말을 고스란히 품'은 '새로운 말을 만'드는 문법 현상에 생각이 쏠려, '거짓말'은 '거지의 말', '거지같은 말'로 오해받을 수 있으니까 선의로 하는 '하얀 거짓말조차 아예 말라고 짐짓 의뭉을 떨어본 시입니다. 그런데 이번에 시집을 탈고하고 나서 우연히 인터넷으로 검색해보니, '거짓말'의 어원이 '거지의 말'에서 비롯되었다는 주장도 있다고 합니다. 그러면 '거짓말'의 'ㅅ'도 사이시옷이라는 저의 가설假說이 엉뚱한 거짓말은 아니었을까요?

이번 시집에는 지난해 말에 이 나라를 엄청난 소용돌이에 빠지게 했던 12·3 비상계엄 사태에 관한 20여 편의 시들도 담아 보았습니다. 난데없이 발령된 어이없는 계엄으로 인한 대통령 탄핵 재판과 관련자들에 대한 내란 형사재판을 거치는 동안 수많은 법률적 이슈들이 온 국민의 관심사로 떠올랐습니다. 일련의 계엄 상황을 불안하고 우려스러운 마음으로 지켜보며, 법조인의 한사람으로서 계엄의 불법성을 내심 규

반하면서도, 또 한편으로 법조인이기 때문에 깊은 자괴감을 떨칠 수 없었습니다. 이래저래 복잡한 감정과 생각들을 시로써 솔직하게 토로하고자 했으나, 절제해야 할 시어는 자꾸 거칠어지고 붙들고 싶은 마음은 멀리 달아나기 일쑤였습니다.

> 스산한 바람 끝이 날카롭긴 해도
> 그런대로 별빛 창연하던 그날 밤에
> 메마른 나무들끼리 서로 어깨 겯고
> 그나마도 평화롭던 그 숲의 정적은
>
> 난데없는 용오름의 몹쓸 저주로
> 당장 가상현실이라도 닥친 듯
> 검은 눈의 폭설에 갇히고 말았느니
>
> 믿기지 않는 살풍경에 놀란 나무들이
> 두려움보다는 분노를 못 참고
> 분노보다는 허탈감에 힘겨웠으나
>
> 다행히 숲은 성채처럼 끄떡도 않고
> 어김없이 또 새날은 밝아오는가
> ―시 「검은 눈의 서사」 일부

수많은 계엄의 불행한 역사를 딛고 자유민주주의 질서가 어렵사리 정착된 이 나라에서, 헌정 질서를 책임져야 할 최고 통치권자가 군을 동원하여 국민에게 총부리를 겨누게 한 헌정 파괴 사태는 우리나라 민주주의 역사에 참으로 부끄러운 일이 아닐 수 없습니다. 다시는 절대로 있어서는 안 된다는 바람에서, 계엄 사태로 인한 국민적인 '두려움'과 '분노'와 '허탈감', 그리고 무엇보다도 이를 극복하고 밝은 '새날'을 맞을 수 있게 한 위대한 시민정신을 이번 시집의 특별한 시재로 삼아 보았는데, 용머리를 그리려다가 뱀꼬리도 그리지 못한 격이 된 것 같습니다.

'시인의 말'에서도 암시했듯이, 올해는 가장 기개 넘치는 독립운동가요, 저항과 구도의 시인으로 유명한 만해萬海 한용운 선생이 한국문학사 최대의 걸작 중 하나로 손꼽히는 시집 『님의 침묵』을 탈고하신 지 100주년이 되는 해입니다. 『님의 침묵』은 일제에 국권을 빼앗기고 그에 항거한 3·1혁명의 불꽃이 사위면서 수많은 민족지사들이 변절해가던 비상한 시대에 태어났습니다. 그런데 그로부터 한 세기가 흐른 지금 우리나라는 졸지에 터진 내란 사태의 수습을 놓고 국론이 심각하게 분열하는 또 다른 국면의 비상한 시대를 맞고 있습니다. 위대한 과학자 알베르트 아인슈타인Albert Einstein은 일찍이 "인간이 성취하고 창조하는 모든 것의 뿌리는 시와 사랑의 강물에 있다"고 설파했습니다. 우리 모두 간절히 염원하는 조국통일과 국민통합의 꿈도 마찬가지일 것입니다. 만해 선생의 나라 사랑의 절절한 시혼詩魂이 유장한 강물처럼 면면히 흘러내려, 분단되고 분열하는 이 나라 이 땅에 통일과 통합의 국혼國魂으로 아름답게 승화하기를 함께 기도하고 싶습니다.